女性編

あしたがたのしい「笑顔」の本

リワーク・インストラクター
山崎ふら

for WOMEN

目次

chapter 2

笑顔でいよう。そのポイントは「口角」

chapter 3

chapter 4

chapter 5

『あしたがたのしい「笑顔」の本
―女性編―』の兄弟版

いまラクになる
「笑顔」の本
―男性編―

おもな目次

※chapter1、2は男女共通版となっています。
※『いまラクになる「笑顔」の本　～男性編～』は、仕事や社会活動中心の生活を送っている人、「実は仕方なく働いている…」といった人向けの内容構成となっています。

プロローグ

なんだか気分がのらない……。

元気を出したいのに、体の中からパワーが出てこない……。

そんな日、そんな時期って、誰にでもあると思います。

そういう時期をうまくやりすごしたり、心身のリフレッシュをはかって、ふつうはまた「いい感じにのってる日」がやってくるのですが、ときには自分の思いとうらはらに、気分がどんどんダウンしたり、動くことさえつらくなったり……。

なんだか、確かに、調子が悪い。


この本は、一時的にでも、そんなあなどれない状態になってしまった、あるいはそんな状態に陥りそうで不安という人々に、元気を取り戻していただく本です。

気分がのらない、しんどい時の対処法が、いろいろ書いてあります。

リワーク・インストラクター（うつ病で休職している方のための復職支援を担当）である私が、クリニックでふだんおすすめしている「しんどいモード対処法」の中から、「これはみなさんにも伝えたい」という方法をあれこれ絞り込んで、選び抜いてみました。

そして「ふだんのライフスタイルによって、対処法も違ってくる」という現場での実感から、今回の本は思い切って「女性編（ｆｏｒ　Ｗｏｍｅｎ）」と「男性編（ｆｏｒ　Ｍｅｎ）」に分けてみました。

ただし女性だから女性編を、男性だから男性編を読まなくっちゃいけない、というわけではありません。今の暮らしやこれからめざしたいライフスタイルに合ったほうを、手にとっていただけるとありがたいです。

【女性編】

主婦または主夫、アルバイトや家事手伝いなどをして、家庭や家族、プライベート、自分自身のやりたいことなどを大切にして暮らしている人。「愛」に生きたいタイプの人も、こちらに含まれます。

【男性編】

どちらかというと仕事や社会活動、ビジネスコミュニケーション中心で暮らしている人。仕事はまあ好きだし、社会で認められると嬉しいし、仕事するぶんオフは遊ぶぞ、お金を貯めるぞと頑張っている人、自分の食いっぷちを稼がなきゃ、家族を養わなくっちゃ！という人、それから、実は仕方なく働いているんだ……なんていう人も、こちらに含まれます。

どちらの本も、キーワードは「笑顔」。

「笑う門には福来たる」（笑い声があふれる家には、自然に幸運が訪れるという意）という、有名すぎることわざがありますが、私もクリニックでメンバーさんと接していて、「笑顔って本当に、人の心を救ってくれるんだな」と痛感する場面がいっぱいあるのです。

「笑顔」は、心のビタミン。
「笑顔」は、優しさのスパイス。
そして「笑顔」は、あなたの幸せの種であり、あなたを守る防波堤になってくれます。
人間味あふれるハッピーな暮らしに、「笑顔」はマストなアイテムなのです。

しんどくてあまり笑う気になれない時も、少し気分が軽くなったり、笑ってみようかなと思えたり、深呼吸した時の心地良い感じを思い出してもらえたら、著者としてこれほど嬉しいことはありません。
たまに訪れるしんどい時に、パラパラと頁をめくって、早期復活をはかっていただきたいなあ、と、心から願っています。

chapter 1

心を ラクにすることから 始めよう

chapter 1は、男女共通の「笑顔」のための準備体操の章です。
日々、私たちが感じるちょっとした苦しい気持ちや落ち込みを
緩和できる方法を紹介しています。
心が少しでもラクになれるように、と願ってまとめました。

「笑顔」は究極のセルフケア

毎日がしんどくて、だるくて、どうにも体が重い。

気がつけば、そんな苦しい毎日が続いているあなた。

心の底から楽しいことなんてない、と思っているあなた。

眉間の皺が気になりながらも、皺を寄せないではいられないあなた。

「めんどくさい病」にかかってしまったあなた。


そんなあなたに「笑顔」をおすすめるのは、酷《こく》なことだとわかっています。「なんで?」「笑えるわけないじゃない」「それどころじゃないんだってば」という声もごもっとも。

でもね、気持ちから笑わなくていいから。

ちらっと笑っているふうの顔にしてくれるだけでいいから。

しらーっとした気分のままでも、まずは口角だけ上げられるようになったら、そこから、ぐるぐる巻きになってしまった心の糸は、ほどけ始めます。

これ、本当です。確実です。

私は、東京都内のメンタルクリニックで、うつ病などで休職している方のための「リワーク」と呼ばれる復職支援プログラムで、「表現法」を担当しています。

今、日本では、二十代から四十代の人が心の調子を崩して休職するケースが、とても増えています。それに伴って、リワークのプログラムを整えるクリニックも年々増えています。治療中にリワークを経験した人のほうが、仕事に復帰した後の再発率が少ないというデータも出ているので、こうしたプログラムが注目されているのです。

私がインストラクターを務めるクリニックでは、月曜日の午前から金曜日の午後まで一週間のプログラムが決まっていて、約二十名くらいの方が、復職したり社会活動を再開するために、数々の多彩なプログラムに取り組んでいます。

「表現法」というプログラムは、私がこれまで取り組んできた演劇のスキルを用いて、日々のコミュニケーション能力を上げることを主な目的としています。

内容は、演劇の練習やワークショップなどで行っているワーク（腹式呼吸、発声、早口言葉、表情筋ストレッチ、即興劇など）に加えて、リラクゼーションのための取り組みや空気を読むためのゲームなど。医療スタッフと話し合いながら、様々なワークを工夫しながら取り入れています。

その中でも「笑顔のためのワーク」は効果が出やすく、しかも気持ちや見た目の表情にも明らかにいい変化が現れるので、頻繁に行われているワークとなっています。

はじめてプログラムを受ける人の中には、「さあ、口角を上げてみましょう」などと語る私の言葉に、「無理です」「できません」「いやです」といった強い反発を見せる方も少なくありません。

でも、根気よくおすすめして、ひとたびトライするようになると、そこから驚くほどの変化を見せてくれることが多くあります。そしてリワークを卒業する頃には「表現することって楽しいですね」「笑うようになって、気分がすっきりしてきました」「全然ひきつらなくなりましたよ」「妻にも笑え！ってすすめています」など嬉しい感想をたくさん寄せてくださいます。

あなたが今、なんらかのしんどい状況にあって、ラクになりたいと願っているなら、「試しにやってみっか」くらいの気持ちでトライしてみませんか？

笑顔を作るにはなんの準備も設備もいりません。広いスタジオや相手役も必要ありません。今、すぐに、そこで、あなただけで、お金もかけずに始められて、リスクも責任もなーんもいらない。

ね！　それで心がラクになるならこれは儲けモンです。

ま、ぼちぼちやっていきましょう。

幸福だから笑うわけではない。むしろ笑うから幸福なのだと言いたい

――アラン（哲学者）『幸福論』

「無理」と「ガマン」はゴミ箱にポイ！

この本は「無理なく笑えるようになる」ために、私がふだんプログラムで実践しているおすすめの方法を紹介していきます。

けれども、あなたの今の状態が私にはわからないから、ときには「おや？」と感じるページもあるかもしれません。気持ちとタイミングが合った時にはすごくナイスな提案でも、合わない時には意味を持ってくれないということもあるからです。

「そこんところさぁ、ちょーっとガマンしてよ、ね？」

とは言いません。むしろ無理をするくらいなら「そのページはスルーして、次の項を読んでください」とお願いしたいです。

この本は、あなたに元気になってもらうための本。
あなたが望むように楽しく暮らすための本。

どうぞ気軽に、今のあなたの気持ちにしっくりくるページをチョイスしてください。気が向いた時にパラパラと開ける、おともだち本のように——。

たった一度しかない人生（輪廻という考え方もありますが、あなたがあなたで生きるのは今回のみです）、こうしている間にも時間は流れていて……。私は、それならば、少しでも気分良く、楽しく、穏やかな気分で暮らしたいと思っています。

私自身も、以前は「努力している自分が好き」とか「ある程度ガマンしなきゃ、幸せになれないのではないかしら？」とか、とても真面目風（風です。あくまでも）に自分を律しようとしていた時期があります。でも、それって気持ちは良くないし、なんだか疲れるし、あれ？　気がついたら慢性の頭痛やイライラや腰痛になってる……。と、そんなガチガチの生き方をいやがっている自分の気持ちと、それを無理して頑張って続けていたために起こっていた体の異変に気がつきました。

誰だって、せっかくなら「気分良く」暮らしたいし、なるべくなら気分を害することに関わりたくない。人づきあいだって、ゆったりしたいプライベートな時間にわざわざいやな人と一緒に食事したくないし……。

それならば無理もガマンもなるべく避けよう、自分自身のために。

今は素直に、自然に、そう思っています。

以前、アーユルヴェーダ（インド発祥の伝承医学）の専門家から、こんな話を聞いたことがあります。

「人間の体は、外部からの情報や食物を、快と不快に分ける機能を持っている。おいしくないと思いながら食べた食事は未消化になってしまうし、不必要だと判断した情報は記憶からこぼれてしまう」

私はこの話を聞いて、とても怖ろしいと感じました。

食物だけじゃなく、会話や、過ごした時間や場所、感じたことや気持ちも、自分が不快だと思ったものは、体の中で未消化になってしまうんだなあ、と思い至ったわけです。

未消化物＝毒!!

思えば私自身も、以前は心や体にずいぶん「不快」の毒がたまっていて、そのせいで体に異変が起きていたのかもしれません。

日々を生きることは、「なにを食べるか」「誰と過ごすか」「なにを着るか」「どこに行くか」といったことから始まって、一つひとつの行動、行為が選択の連続です。

その選択のものさしを「快」「不快」にする。

ほんの小さなことでも、その選択の瞬間に「これは快？」とか「これとあれ、どちらが快？」などと自分の心に確かめる。実は、これはとても大切なことです。

だから、あなたがこの本を読む時も「真面目にやろう」などと思わずに、気分がのるところや「これは試してみようかな？」と思うところを、流し読みでもいいし、つまみ食いしてくださってもいいんです。無理やガマンを選択する必要はゼロ！

あなたにとっての「快」だけ、心や体に取り入れていきましょう。

その習慣は、あなたの毎日をきっとラクにしてくれますよ。

ため息ばかりでる時は↓自分の気持ちをノートに書いてみる

なんだかわからないけど、やたらとため息が出てしまう……。

なんだかゆううつ。なんだか元気が出ない。

そういうこと、ありますよね。

そんな日が一日や二日だったら「今日はおとなしくしていよう」と決めて、ひとりで読書したりもの思いにふけるのもいいかもしれません。ひたすら眠る、ひたすらダラダラする、というのもパワーチャージになります。

でも、そうしてセルフメンテナンスをしても、ため息が減らないのはやっかいです。

元気ややる気の「気」が、どんどんどんどん消滅して、どうにもこうにも身動きがとれなくなってしまうこともあります。

そんな時は、ノートに自分の気持ちを書いてみましょう。

ノートを広げたら、まずは、今の自分の気持ちを、どんどん羅列していきます。

なにもしたくない
どこにも行きたくない
誰とも話したくない
元気が出ない
寂しい感じ
苦しい
ぼんやりする

というふうに。そしてその下に、気持ちの原因として考えられることを書いていきます。

なにもしたくない　つまんないから
どこにも行きたくない　つまんないから

誰とも話したくない　めんどうだから
元気が出ない　?
寂しい感じ　人と喋ってないから?
苦しい　寂しいから
ぼんやりする　疲れているから?

ちょっと考えてみてわからないことは、「?」でもOKです。
さらにその下に、その理由として思い浮かぶことを書いてみます。誰かに見せるノートではないので、気楽に思い浮かんだことを書きましょう。

なにもしたくない　つまんないから　この頃ずっといいことがない
どこにも行きたくない　つまんないから　パワーが出ないから
誰とも話したくない　めんどうだから　もしかしてAさんとの一件?
元気が出ない　?　自己嫌悪かな……

寂しい感じ	人と喋ってないから？	すねてる？
苦しい	寂しいから	わかってもらえなかった
ぼんやりする	疲れてるから？	？

このように、思いつくままに正直に気持ちを書いていくと、書きながら「あれ？」と思い出すことがあったり、今感じているモヤモヤや不満の原因などが思い浮かんできます。そうすると、あなたの中にたまった思いが次第に軽くなってきて、ついには「よいしょ！」と引っ張り上げられそうなところまで出てきます。

ここで紹介したのは三列ですが、気が向いたら四列でも五列でも書いてください。そのうちいい解決策が浮かんできたり、昔のことを思い出したり、心配してくれる家族や友だちの顔が浮かんだりすることがあるでしょう。その場ではっきりとした答えが出なくても、その時間が有意義だと感じられて、少し元気が取り戻せればＯＫ。

自分の気持ちを自分でちゃんと見てあげることは、「自分を愛する」ことです。

自分の心をちゃんと見てあげられるのは、自分自身だけ。

あなたしか本当の心はわからないし、あなたしか真の理解はしてあげられない。

あなたを悩ませるため息は、「私をわかって。放っておかないで」という心の合図です。

さ、あとは「ぼちぼちいってみっかな」と感じられたところで、「よいしょ!」です。

気がつけば、笑ってみようかな、という気分にもなれているかもしれません。

気持ちが不安定で笑う気分になれない時は→自分の体に触る

外国映画では、主人公がつらい出来事に直面して、パニックを起こしたり泣いていたりすると、友だちや恋人、両親や兄弟などが優しく抱きしめて「大変だったね」「大丈夫よ」などとケアする場面がよくあります。

これって人の営みの中で自然発生的に生まれてきた行為なのだと思うけれど、とても理にかなっていて、観るたびに「いいなあ」と感じます。

だって、人肌は人を孤独から救うし、タッチは人を安心させるから。

日本でも「ｈｕｇ《ハグ》」という言葉が一般的になってきました。

けれども、大好きな友だちと久しぶりに会った時や、スポーツ観戦などで気分が高揚した時などにお互い「イエーイ！」なんてｈｕｇしあうことはあっても、自分がしんどい時にはなかなかもらえない。「しんどいから抱きしめて」とはなかなか言えないお国柄というのもあるかもしれません。

だったら自分で自分を触《さわ》ってあげましょう。

自分で自分を可愛《かわい》がる。愛《いと》おしむ。

そうすると、イライラとささくれだっていた心が、不思議と落ち着いてきたり、涙が止まったり、動悸がおさまったりするのです。

日本には昔から「手当《てあ》て」という言葉があります。今のように薬や治療法が多くない時代、お医者さんは患者さんの痛いところに手を当てて、痛みを和らげていたのです。

心がしんどい時は、あなたの体も悲鳴を上げています。

だから触ってあげる。

もしかしたら、しんどい期間が長かったり、しんどい気持ちが大きすぎて、頭痛やめまいといった慢性の症状が出ていることもあるでしょう。そんなあなたには、なおさら

「自分を可愛がる」というセルフメンテナンスが必要です。

大丈夫、自分でちゃんとできます。性別や年齢などは関係ありません。おばあちゃんでも男の子でも、自分を可愛がるというのは大切なことで、癒されるものなのです。


自分を可愛がる。

その一番シンプルな方法は、気持ちが揺れた時に、両手を合わせてさすることです。掌も手の甲もあたたかくなるまでしっかりさすり合わせます。そうすると、怒りや、哀しみ、不安、動揺などで冷たくなっていた指先がほっこりと温まってきて、心も少しずつ落ち着き、穏やかな気持ちを取り戻すことができます。


おヘソの下一〇センチくらいのところを、優しく触るのもおすすめです。

気功などで「下丹田」と呼ばれるところに手を置きます。この部分は体の要《かなめ》と捉えられていて、優しく触ることで精神疲労を軽減させると言われています。同じようにインドでも、チャクラ（エネルギースポット）の一つとして大切にされている場所です。

下丹田を触る時は、時計回りにゆっくり何度も円を描きながら触ると、体が内側から温まってきます。そして、ゆっくりと心が安定してくるのが実感できます。

私は「疲れたなあ」と感じた時はいつもすぐにこれを実行しますし、メンバーさんにもしつこいくらいおすすめしています。

目を閉じて下丹田に手を置くだけでも効果が得られるので、人のざわめきがうっとおしく感じられる電車の中などで、そっと心を安定させたい時にもおすすめです。

人はとかく心が弱っている時、周囲の人に温もりを期待しがちです。けれども期待通りの温もりがもらえなかった時にますます苦しくなってしまうし、温もりを期待しながら、そのことを周囲の人に伝えられなかったり、甘えられなくて、ストレスを増やしている場合もあります。

そんな時も、セルフメンテナンスができるようになっていれば本当に便利。

人肌は人を救う。これは確実にそうで、それは自分自身の温もりでも同じなのです。

大丈夫、自分で癒せばいいんです。
あなたは自分で自分を癒す力をもっています。
ｈｕｇがほしければ、まずは自分で自分をｈｕｇしてあげる。
セルフケア、セルフタッチです。

家で抜け殻感が大きい時は→冬眠のふりをして休む

職場では、いつもてきぱきと動いている。挨拶は明るく爽やかを心がけ、それなりに周囲に笑顔もふりまいているつもり。後輩には優しく、ときには厳しく指導しているし、上司ともうまく距離をとって、たまには甘えたりと、それなりに計算して接している。毎日、自分の能力いっぱいに仕事して、けっして怠けてはいない……。


これは、Aさんが職場での自分の状況を、私に話してくれたものです。

彼女はとても明るくて優秀な女性です。とても頑張っていて申しぶんがないし、話を聞くかぎり、やりがいもあってアクティブに過ごしているように感じられます。

けれども、彼女は帰宅すると「なにもできない」状態になってしまうのだそうです。

職場を出る頃には精根尽き果てていて、帰宅すると残存エネルギーはゼロ。ただただ、部屋の中でぼーっと座って数時間が経過してしまうことも少なくないそうです。

「でも、そんな状態なのに熟睡できないんです」

これはとてもつらいことです。そして、現代はこうした悩みを抱えている人が、とても多いです。

Aさんは帰宅する電車の中で、「帰ったら、今日こそは散らかったお部屋の片づけをしよう。帰りに買い物をして栄養のあるものを作って、ゆっくりお風呂にも入らなきゃ。読んでいない本もたまってるし、今月末の女子会の計画も立てなくちゃ……」と、あれやこれやと「やらなくちゃいけないこと」を考えているそうです。

朝から夕方まで仕事で忙しいだけに、せっかくの自分の時間を有意義に過ごしたい、と考えるのは当然のことです。けれどもAさんの場合、なかなかお掃除できずにいる部屋のように、頭の中も、今やりたいこと、やらなければいけないこと、やりたいのにできないことなどが混在して、ごちゃごちゃの状態。抱えている荷物があまりに多くて重くて、空気の通り道がなくなってしまっているのだろうと想像がつきます。

いやあ、これは本当にしんどいこと。

このままでいると、心身ともに本当にパンクしてしまいそうで心配です。


なぜこんなことに？


それは、公私ともに「やらなくっちゃ」で、アップアップになってしまっているから。

エネルギーがアウトプットされるばかりで、チャージが足りていないから。

心も体も、そして頭も、栄養や水、酸素が不足してピンチの状態なのです。


もしあなたが「そうそう、そんな感じ」と頷いているなら、あなた自身も気づかないうちに、生活のあれこれを「仕事（やらなくてはいけないこと）」に分類していませんか？

現代はただでさえ「やらなくてはいけないこと」「したほうがいいこと」がたくさんあります。だから、気持ち良く生きるには「選ぶこと」が大事になってきます。

「これとあれ、どちらが快？」と、自分の心に確かめる方法です。

私はこんなに疲れてしまったAさんに、まずは、帰ったら「今日は店じまい」と決めて、なにもしないで「さぼる」ことをおすすめしました。

でも、この「さぼる」を、罪悪感を持たずにやるってことが、なかなか難しい。

それもわかります。さぼれるくらいならとっくにさぼっていますよね。


ならば、「冬眠のふりをする」というのはどうでしょうか？


ヨーガに「シャバーサナ」というポーズがあります。これは「屍《しかばね》のポーズ」とも呼ばれ、動かない、力を入れない、考えない、ただ仰向けのラクな姿勢でデーンと寝て、目を閉じるだけのポーズです。

毎晩家に帰ったら、このポーズを実践してみる。

ここでまた、「無にならなくちゃ。冬眠のふりなんだから、じっとしなくっちゃ」と必死にならないこと。床に体の重みをあずけて、そのまま眠ってしまってもいいくらいの気持ちで、ただ「ぼへーっ」とするのです。

日頃あれやこれやと考えている人ほど、雑念は次から次へとやってくるかもしれませんが、勝手に出てくる雑念は、ＢＧＭを流しているような気持ちで放っておきましょう。

十～二十分くらい「ぼへーっ」をやってみると、不思議と脳がスッキリします。

そして、脳がスッキリすると、起き上がった時に「ちょっとだけ動いてみようかな」という気にもなってくる。

そうなったら、もう「やらなくちゃ」と思わず、「やりたいこと」から始めましょう。

イライラがおさまらない時は↓目を閉じて自分の内に戻る

今日のようにあわただしい社会だと、イライラもたくさん。気がつけば、この頃一日一回はイライラしている、ってこともありますよね。

（一）仕事帰り、くたくたの空腹状態でスーパーに行くと、レジの人がモタモタしていてイラッとした。

（二）電車の中で足を踏まれたのに、相手は謝らずに知らぬふり。思わず睨みつけてしまった。

（三）後輩の話し方が気になって仕方がない。「語尾をのばさないで！」と心の中で叫んでいる。

（四）親が他人を羨むような発言をして、とても腹が立つ。

（五）小物入れの中身をうっかり床にこぼしてしまった。「もういや」と崩れそう……。

あなたはいくつくらい「あるある」って感じましたか？

現代は、多くの人が忙しくてせっかちです。イライラの空気が充満している場所もたくさんあります。特に電車の中や週末のモールなど混んでいる場所は、自分にそんなつもりがなくても、イライラが伝染するということもあります。

そんな時は、目を閉じましょう。

目を閉じて、自分の内側に入って、心を落ち着けましょう。

人の感情は、視界に入った事柄に大きく左右されます。目で見たもの、脳にインプットされた映像によって感情が動いたり、思考が変化することが多いのだそうです。だから機嫌が悪そうな人に会ったり、ブスッとしている人が多い中にいたりすると、その雰囲気から影響を受けて、ストレスが生じるのです。

いやな空気を感じたりイラッとしたら、「瞑想タイム」です。

また、(三)や(四)のように他者との関わりで気持ちが乱れた場合は、できれば速やかにその場を離れて、ひとりになりましょう。

私は「ちょっとお手洗いに」をよく使います。そして個室に入って目を閉じます。一分でも目を閉じてじっとしていると、いやな気分が和らいできます。この時に、森林や草原の風景など自分が美しいと思うシーンを思い浮かべることができるようになったら、あなたの心の管理レベルはかなりのものです。

イラッとしたら目を閉じる。それを習慣づけると、自分のイライラの頻度もわかるようになりますし、自分の気持ちをいい状態に保つ＝自分を愛することにもつながります。軽い気持ちで、一日何回くらい目を閉じるか、数えてみてください。「うわぁ、結構イライラしているなあ」と感じられたら、しめしめです。それは、あなたがイライラに呑み込まれず、笑顔でいようとする道を見つけている合図ですから。

怒りは一時の凶器なり。汝が怒りを制さざれば、怒りが汝を制せん
――クィントゥス・ホラテウス・フラックス（詩人）『書簡詩』

なにもしたくない時は↓なにもしない

私たちは「なにもしないことはいけないことだ」と思いがちです。

「なにもしない」ことに理由を見つけられないと、休んではいけないと信じ込んでいる。

「休日は休日らしく過ごさなくちゃ」「休日はリフレッシュを心がけるべき」と、休みの日にまでルールを決めています。

でも、本当は、なにもしなくていいんですよ。

なにもしないことに、罪悪感を抱く理由は、ひとつもありません。

「人生は短いのだから、いつも動いていないと、あとで後悔するかもしれない」

そう考える人も多いと思いますが、休息は絶対に必要なもの。そして、休むために休みはあります。週に一度、心おきなく休んだって後悔なんてけっしてしません。それどころか、休んだほうが翌日からのあなたの仕事や勉強の効率は、確実に上がります。

新鮮なエネルギーチャージは、無理なジム通いや飲み会からではなく休息から与えられるのです。そして、何もしないでゆったりと脳を休ませてあげると、自分が本当にしたいことや、今の状態が、内側から自然と感じられてくるようになるのです。


私たちはあまりに忙しい毎日を過ごしていて、たくさんの「～すべき」に縛られて時間のレールを走っているので、本来望む自分の姿が見えにくくなっています。

本当は東をめざしたほうがいいのに、ふと気がつけば、反対方向に向かって一生懸命に走っていた、なんてこともしばしば起こります。次から次へとくる「あれをするべき」「これもするべき」の「べきべき」攻撃で、脳が混乱しているからです。

私の友人に、とても忙しい生活なのに、月に四回、休みをちゃんととって運動や仲間との集まり、旅行などを満喫している人がいて、「この人、いつ会ってもエネルギッシュだし、楽しそうでいいなあ」と、格好良く感じていています。

でもその人にも、きっとエネルギーを切らしてしまう時があるのだろうなと思います。

人は「なにもしなかった話」を人前であまり披露しないから、周囲が気づかないだけで、アクティブに見える人こそ、実は休むのも上手だったりするのではないでしょうか。

どうぞ、安心して休んでください。

休息は、絶対にあなたのパワーになります。

その際は携帯の電源をオフ。パソコンもオフ。家族サービスも、できればオフで過ごしたいところです。「ひとりでゆっくり休みたい」ことを正直に話せば、あなたの家族は、きっと理解してくれるでしょう。その休息で心にゆとりができれば、家族と一緒の時間もより楽しく過ごせるようになります。

ひとりオフを、おすすめします。

ドルチェ　ファル　ニェンテ！（何もしないのは楽しい！）
――イタリアのことわざ

突然涙が出そうな時は→怖がらずに思い切り泣く

心がどうにもふさいで、特に理由もないのに、クヨクヨしてしまう時があります。でも特別な出来事があったわけではないので、人に相談することもできない。人前ではクヨクヨしてばかりしていられないので、無理に笑ったり、元気そうにして過ごす。そんなことを繰り返していると、涙を制御できない体になってしまったりします。

同僚といつものようにランチを食べていて、同僚が「○○さん、例の案件、大変だったでしょう。よく頑張ってたよね」と言ってくれた時、心のたがが緩んだように、ふと涙がぽろぽろとこぼれてしまった。

仕事帰り、電車の中で赤ちゃんをあやしている若い夫婦の仲の良い雰囲気を目にして、どうしようもなくせつなくなってくる……。

こういう状態は、いわば「情緒不安定」の状態です。心が疲れきっていて、心に響くちょっとした言葉や光景にほろっとしてしまうのです。

そういう時は、少し休養をとるとか、好きな人とまったりするとか、実家など家族や身内がそばにいる空間でゆっくり眠ってみるとか、ペットと一緒にぼんやり過ごすとか、温もりを感じられる場所で心を休めて、エネルギーをチャージするのがいいと思います。

ところが、現実は「休めない」という人がとても多い。

「休むとよけい落ち込みます」「一日休んでしまったら、一生休んでしまいそうで怖い」という声がよく聞かれます。そして「温もりを感じられる場所がない」「どこにいても心が休まらない」という声も、とても多いのです。

これは、甘え下手な日本人が陥りやすい状況でしょう。私も、なかなかそういう場所を確保できないタイプなのでよくわかります。

そんな場合は、即効性のあるセルフケアで、自分を救い出しましょう。

その方法は「泣く」こと。

とことん泣くと決めて、ちゃんと真剣に泣きましょう。

毒は、放っておいてもなかなか浄化されません。自分で自分の浄化をはかってあげて、人前で急にクヨクヨしたり、涙が急にあふれ出る状況から脱け出しましょう。


泣き方としては、部屋を暗くして、メロディの美しいバラード調の音楽をかけて、ベッドに潜り込むのもいいですし、泣けるＤＶＤを借りて観るのもいいと思います。

うまく涙が出なくても「ううう……」と泣き声を出していると、だんだんその気になって涙が出てきます。そうしたらしめしめ。声を上げてもいいし、体を揺すって泣いてもいい。気持ちにまかせて、とことん大いに泣きましょう。


人によっては十～二十分も泣くと、心の底にたまっていた毒が流れ出て、スッキリ感が感じられてきます。一度、この泣きの効用を体感したら、次にクヨクヨの波が襲って来た時に、あなたのレスキューアイテムの一つになります。

これは「やったつもり」じゃなくて「やってみる」ことが大事。
「ぼちぼち泣く時間をとろうかな」と対処できるようになったら、こっちのものです。

泣き叫ぶと、肺が開き、顔が洗われ、目の運動になり、気分が落ち着く
――チャールズ・ディケンズ（作家）『オリヴァー・トゥイスト』

「なにもかもが大嫌い」な気分の時は→魔法の深呼吸を試してみる

「ふん、みんなバッカみたい」「ああ、俺ってホントにアホ！」「嫌い、嫌い、みんなどこかへ行っちゃえ」「なんだよ、どうしてそういう言い方をするわけ？」「あーもういや、わめきたい」など。とにかく攻撃モードのスイッチが入ってしまって、それも制御不能っぽくて「ぶち壊しちゃいたい」気分が止まらない。

一生懸命に生きている人間ですもの、そんな時だってあると思います。

でもまさか、大人はそんな心の声を、公の場や他人様に出すことなんてしてはいけないし、そんなことをしたら、自分がもっと窮屈になってしまいますよね。

自分の感情や機嫌がうまくコントロールできなくて、周囲の人を責めたり攻撃してしまったあげく、孤独に陥ってしまうという例も少なくない現代。そういう事態は避けてもらいたいなあと感じています。

だってあなたは、いつもそんなことを思ってイライラしているわけじゃないし、どちらかというとデリケートで気づかいもあって、空気を読んで、しっかり生きていたいと感じていたりするはずなんです。

ふだんは思いやりをもって人に接しているし、ちゃんと人間関係の構築もできる。それなのに、突然気まぐれのようにやってくるマッハ級のイライラに振り回されて、自分が大切にしてきた友情や信用、はたまた地位まで失ってしまうとしたら……。本人は願ってもないのに、結果として孤立することになったら、これほどもったいなく悔やまれることはありません。

「ぶち壊してしまいたい」という衝動や、「ぶち壊してしまう」という行動は、ひとつの癖だと考えていいと思います。

時間をかけて一生懸命築き上げた環境や関係性を、自分の癖で壊してしまう。

そんな癖は不要です。とにかく**「感情を沈める」という工夫と努力をしましょう。**

そうしないと、あなたの大切なものを失う可能性があるから。

「魔法の深呼吸」をおすすめします。
今からお伝えする呼吸法を、ぜひマスターしてください。

(一) 攻撃的な気分がきたと感じたら、口から息を細く長く吐きましょう。
(二) 体の中の空気を全部吐き出したら、鼻からスッと軽く吸い、また口から長く細く全部の息を吐きます。
(三) (一) と (二) を、三〜五回繰り返します。

次は、数を数えながら呼吸します。

(四) 一、二、三と、三秒カウントしながら、鼻から息を吸います。
(五) 一、二、三、四、五、六と、六秒カウントしながら、口から息を吐きます。
(六) (四) と (五) を、三〜五回繰り返します。

慣れてきたら秒数を増やしましょう。ポイントは、吸うカウントと吐くカウントを、一対二にすること。吸う息が一に対して、吐く息が二です。

この呼吸を、気分が穏やかになるまで繰り返しましょう。大丈夫です。この呼吸法を覚えて使い慣れていけば、自分の感情や機嫌をコントロールできるようになっていきますよ。

今は、次の自分への変わり目の時と考えよう

人は調子が悪くてしんどい時は、たいてい「調子が良かった頃の自分」や「しんどくなかった頃の自分」に戻りたいと考えます。「以前はつらつと過ごせていたのに……」「こんなにしんどくなければ、昔みたいにもっと明るくできるのに」と。

私も苦しい時は、元気でパワーあふれる自分の姿＝記憶のデータに入っている過去の元気な自分を、つい思い浮かべてしまいます。「元気だった頃の自分に戻りたい」と思ってしまい、いけていない今の自分とのギャップにガッカリ。ますます焦って落ち込むという、いけないループにはまってしまいます。

当たり前ですよね。誰だって「本当の自分はこうじゃない」と信じたいし、元気だった頃の自分が一番イメージしやすく信用できるからだと思います。

ある日、メンバーさんとそのことについて話をしていました。ランチをとりながらの雑談でしたが、Ｂさんは、とても良い話を私に聞かせてくれました。

Ｂさんは、しんどくてダメダメな時間を繰り返していたある時、はたと気がついたのだそうです。人は常に時間を生きていて、一瞬一瞬で変化している。だから、過去の自分に戻ることはできない、と。

それに気づかせてくれたのは、職場の先輩の言葉だったそうです。

Ｂさんは会社を長期で休むようになり、ある時、様子を見に来てくれた先輩に「最近、なにをしても気持ちがのらないし、体がしんどくてどうにもならないんです」という話を聞いてもらったそうです。

「半年くらい前まではいい感じだったのに。なんでこんな感じになったのか、自分でもわからなくて……。あの頃に戻りたいんですけど……どうもダメで」と、自分の状況も正直に伝えました。そうしたら、先輩から「戻らなくていいんじゃないか？　今のＢくんは、進み始めている状態なんじゃないかな？」と言われたそうです。

「変化する時って、気持ちにためらいがあるだろう？　そのためらいが体に抵抗させてるんじゃないか？」」。さらに「Ｂくんは良い方向に行こうとしているのに、気持ちが怖がっているんだよ。大丈夫、きっともうしばらくしたら動き出すよ。俺にはそんな気がするな」とまで。

先輩はもしかしたらＢさんを元気づけようと言ってくれたのかもしれませんが、Ｂさんはハッとして、「そうか、元に戻れないと思うからつらいんだ。今、自分は変化の時で、先に進もうとしているんだ。そのために心や体が戸惑ってるんだ」と感じたそう。そして、先輩の言葉を信じてみようと決めたのだそうです。

もちろん、Ｂさんはそれですぐに調子が良くなったわけではありません。でも、その言葉を心に置いて辛抱強く生活していたら、少しずつ状態が改善してきたそうです。

私は、その話を聞きながら胸が熱くなりました。

つらい状況を「変化の時」と受け入れることは、最初はとてもつらかったと思います。けれどもＢさんは、自分の「これから」のために自己憐憫を卒業したのです。

「今」は、もっと良くなるための試練の時。

気分はいまいちの状態かもしれないけれど、あなたの「元気」の度合いが以前より少し落ちているだけで、あなたの存在がＮＧなわけではないのです。


長く生きていく間には、調子の波があって当然。

この時期を通り過ぎれば、またはつらつと過ごせる時期が来る。

しかも、それは私にとって新たな時期の始まり。

今まで感じたことのないような喜びが得られるかもしれない。


どうぞ、そんなふうに今の自分を捉えてみてください。きっと光がさしてきます。

大きな変化を前にした時期だから、つらいこともあるでしょう。

でもその変化は、やがてこの先に、今までになかった充実感や幸福感を、あなたにくれるための変化なのだ、と考えてみませんか。

なにも咲かない寒い日は、下へ下へと根を伸ばせ。やがて大きな花が咲く

——高橋尚子（マラソンランナー　オリンピック金メダリスト）

chapter 2

笑顔でいよう。そのポイントは「口角」

Chapter2は「笑顔」について、男女共通の話題を紹介していきます。
「最近あまり笑ってないな……」という人におすすめの方法もあり、
「なんとなく気分がのったらトライ」という軽い感じでＯＫなものも。
気分が紛れるので、楽しんでみてください。

「元気になりたい」気持ちを大切にする

しんどい気分に埋もれている時は、心の底の底からどっぷりしんどいので、「元気になりたい」という気さえ起こりません。その時の気分をたとえるなら、息をしているのが精一杯、という感じ。そんな時は、ドクターに診てもらって薬を処方してもらうのも大切ですし、なにより、心身をしっかり休めることが必要だと思います。

休息は、少しずつですが確実に人を癒します。

そして、その休息から生まれる癒しの最初のステップが、「元気になりたい」という心の声です。

元気になりたいなと思えたら、それはもう、あなたにとっての新しい目覚めです。

あなたは今まで疲れすぎて、異次元をふわふわ彷徨《さまよ》っていたようなもの。そこから帰還することができて、再び目を開けたという段階です。

あなたがもし「元気になりたいな」という気持ちを、確かにはっきりと感じているなら、私はまず、こんな言葉を贈りたいです。

「おはようございます。つらい日々をよく耐えましたね。ここからあなたのセカンドステージが始まります。おめでとうございます！」

ただ人生いろいろ、山あり谷ありなので、セカンドステージでも望む通りの一〇〇％ハッピーな毎日は、簡単には手に入らないかもしれません。でも、新しいステージは、少し前までいた、あの不安で、暗くて、断崖のようないやな感じの場所とは違います。

自分の前方を、ちょっと見つめてみてください。

あなたの行く手には、ぼんやりとでも「元気」とか「やる気」が見えるはずです。今はまだ新しいステージが始まったばかりだから、遠くて小さいかもしれません。でも、あります。確実に、それらは、あるんです。

リワークプログラムに通っているメンバーさんは、必ずしもセカンドステージが始まって参加するわけではありません。まだ異次元中だけど、復職を求められたり、家庭の事情で早く復帰したかったりして、やむをえず参加している人々もいます。

そうした場合、「呼吸法を試してみましょう」「ストレッチをしてみましょう」「笑顔になってみましょう」などと言っても、その言葉が届かないこともあります。心は異次元にあるのだから、私の声を受け入れてもらえないのは仕方がないのです。

でも、ひょんなきっかけで私の声が届く場合もあるので、私はみなさんへのアクションを続けますし、心の扉もノックしつづけています。こちらがアクセスしつづけていると、いつかきっと届くと信じているからです。

そうしてある時、あるきっかけで「元気になりたい」と感じ、目覚めの感覚を持つと、驚くほどの早さで変化が見られることがたくさんあります。

もちろん変化が始まってすぐの頃は、「元気」や「やる気」もそう長くは持続できないし、心が挑戦を始めると、体が一時的にささやかな抵抗を示したりもするので、しばらくは、元気とそうじゃない状態を行きつ戻りつすることもあります。

けれども**目覚めのあとには、確実に「変化」が訪れます。**
「元気になりたい」と思った気持ちを、どうぞ肯定的に受け止めてください。
そして、光の方向に一歩ずつ進もうと決心してください。

「元気になりたい」は、あなたが苦しみから解放へのドアを開けたという合図です。
あなたは、ひとまず、異次元のさまよいから抜け出したのです。

やったー!!

すべてのことは願うことから始まる
――マルティン・ルター（神学教授）

朝、鏡に向かって歯を出して「ニーッ」とする

心や体が元気だと、朝は一番エネルギーがあってアクティブに動ける時間帯です。けれども心身のバランスが壊れてしまうと、朝ほどつらい時間はありませんよね。昼間もぼんやりだるくて、夕方くらいから少しずつ元気になるので、昼夜逆転してしまうことも多いと思います。

私は以前、心身のバランスがあまり良くないと感じた時に、アーユルヴェーダ（インド発祥の伝承医学）の講座を受講したことがあります。

その時、「日本のような気候、環境ならば、人は毎日六時頃に起きるのがベストである」と習いました。朝六時起床の習慣を一週間続けるだけでも、体調が良くなるとのこと。

私はそれを聞いて、すぐに試しました。そうしたら、本当に数日で少しずつですが元気になっていくのを感じましたし、苦しかった頭痛が和らぎました。調子が整ってきて、「試して本当に良かったな」と嬉しかった覚えがあります。

リワークでも、スタッフは「早寝早起きをして体内時計のリズム整えましょう」とお伝えしています。合い言葉は「セブンイレブン」。これは朝は七時に起きて、夜は十一時に寝ましょうという意味です。

アーユルヴェーダの六時起床説と一時間ずれますが、毎日のリズムを作るという点、早起きするという点は共通しています。早起きすれば、夜ちゃんと眠くなって良質な睡眠がとれますし、午前中に太陽の光を浴びると「セロトニン」という気持ちを安定させるホルモンの分泌が促されて、心身の健康にとても良いと言われています。

昔からことわざにある「早起きは三文の徳」は、理にかなっているのです。

「ふうん。じゃあ、試しにちょっと早く起きてみようかな」と思ったあなた。その挑戦、応援します。

朝、目が覚めます。体が重いと思います。もしかしたら頭痛があるかも。

しかし、どうにかこうにかでも立ち上がってください。

丁寧じゃなくてもいいので、顔を洗いましょう。そして、鏡を見てください。

自分の顔を、まずはちゃんと見ましょう。「いやだ、見たくない」ということなら、顔を洗ったあとに見るものを、あらかじめ決めておきましょう。好きなアイドルの写真でもいいし、ぬいぐるみでもいいです。きれいな風景の画像なども、一日の始まりに目にするのはとてもいいと思います。

とにかく十秒でいいので、自分の顔か、自分の好きなものを目にしてください。

そして、次です。

「ニー」と声を出してください。

「ニー」という音は、通常、腹話術師でもない限り、口を開けないと出せません。

そう、口を開けてほしいのです。

ベストなのは、鏡を見ながら、上の歯をしっかり出して「ニーッ」です。けれども、どうしても気が重くて、鏡を見ることができないなら、最初は鏡を見なくていいですし、上の歯をしっかり出すのがつらかったら、口を開けるだけでもいいです。

とにかく「ニー」と音にしてください。

言ったつもり、やったつもりではなく、声に出して「ニー」です。

そうすることで、顔のスマイルスポットが刺激されて、脳が目覚めてくれるのです。

「ニー」という声が脳に「朝だ、起きろー」と指令を出し、自律神経がその呼びかけを、体のあらゆる細胞たちに知らせてくれるのです。

「ニー」は、朝一番に私たちの脳を働かせてくれるスイッチ役なんですね。


一日目は「めちゃめちゃしんどい」かも。でも二日目は「めちゃしんどい」になり、三日目は「あー、しんど」くらいになるはずです。

三日続けられたらこっちのもの。

「やればできるじゃん。えらいぞ、ものすごくえらい！」

まずは自分を、褒めてあげましょう。

一日目に頑張って、二日目がダメだったら？

大丈夫です。そんなことで今より悪くなったりはしません。

挑戦できた自分をちゃんと褒めて、体調の頃合いをみて、また挑戦すればいい。

焦らずにゆっくりいきましょう。
いつか必ず、朝が一番気持ちの良い時間になります。

はじめは人が習慣を作り、それから習慣が人を作る
——ジョン・ドライデン（詩人）

誰かに笑いかけてみる

人に笑顔を向けるという習慣が、最近の日本、特に都会では少なくなっているように感じています。少し前までの子どもたちは「人に会ったら、笑顔で挨拶をしなさい」と教えられて育っていたはずなのに、最近はそんなことを言ったら「はー？」と流されてしまいそうな風潮です。

電車の中でちょっと体がぶつかっても、お互いにいやな顔を向けるだけで謝らないなんて普通だし、舌打ちするおじさんもいたりして……。「あ、すみません」と謝られたら、「いいえ大丈夫です、こちらこそ」と言って笑顔を返す。そういうコミュニケーションは、滅多に見られなくなりました。

「お・も・て・な・し」という言葉がはやりましたが、実は、その「おもてなし」の文化が、日本から確実に失われつつあるんじゃないか、と私は感じています。

世の中がそんな状態だから、自分から誰かに笑いかけるなんて、健康な状態でもかなりしんどいこと。「よいしょ！」と自分でスイッチを入れないとできません。

でも、自分から意識的に誰かに笑いかけるというのは、自分にとっても、相手にとっても、社会にとっても大切なことだと思います。

まずは自分のために、誰かに笑いかけてみましょう。この段階で「相手のために笑顔でいましょう」なんて言うつもりはありません。それはずっとあとの話でいいんです。

自分の元気のためだけに、誰かに笑いかけてみるのです。

相手の目を見てにっこり笑わなくても、しんどいなら下を向いたままでもＯＫです。話に相槌を打つようなタイミングで、ちょっと口角を上げてみましょう。

たとえば、家族が「ご飯食べる？」と聞いてくれた時の「うん」のタイミングで。

たとえば、コンビニで「ありがとうございました」と言われた時のタイミングで。

たとえば、ドクターの「こんにちは。どうですか？」に答えるタイミングで。

一日あれば、口角を上げる「うん」のタイミングは、いくらでも見つけられます。

これね、ゲーム感覚で行うと、ちょっと面白いんです。

人と会った時、「あ、今だ」ってタイミングを狙うのも面白くなってくるし、ちょっと笑いかけたあと、ほんの少しですが、心がニヤつくような感覚があります。

これがキモ。


ただし、このゲームには、注意点がひとつだけあります。

相手からの見返りを期待しないで行う、ということをポイントにしてください。

「こちらが面白がってやっていること。相手は反応してくれなくてもいい」「もしも笑顔を返してくれる人がいたら、その日はラッキー」くらいの軽い気持ちで、誰かに向かってちょっと口角を上げてみる。

大丈夫、あなたが笑いかけたらちょっと嬉しそうにする人はいても、ブスッとしたり不快になる人はいません。

口角を上げるって、実際にやってみるとわかるのですが、相手の目を見て微笑んだり、会話をするよりはるかに簡単だし、自分の心も少しほわっとします。

その「ほわっと」を、ぜひ味わってみてください。

君をしあわせにしてくれるのは君自身である

――秋元康（作詞家　プロデューサー）

テレビを観ながら「アハハ」と声を出す

あなたは、テレビをよくご覧になりますか？
私は朝の連続ドラマが楽しみで欠かさず観ていますし、外に出かける支度をしている間も、時間を確かめるためにテレビをつけっぱなしにしています。夜も、気持ちを切り替えたい時などは、バラエティ番組など気楽な番組を観たりします。お笑い芸人のギャグや、エンターティメント系のトーク番組やドキュメントなど。それらを観ていて、ちょっと面白いなと思ったら、私は「アハハ」と声を出して笑うようにしています。

そんなにすごく面白くなくても、「アハハ」と声に出す。
そうすると脳が刺激を受けて、心を軽くしてくれる作用があるんです。
疲れを感じている時ほど、その効果は現れます。
棒読みの「アハハ」でもＯＫ。とにかく「アハハ」と音にすることが大事です。

口を開けることは、笑顔の準備体操です。声を発することも、笑顔の準備体操です。そして、それらは笑顔＝ハッピーにつながっています。

「アハハ」ができたら「カワイイ」もいいし、「オモシロー」もいいでしょう。シンプルな感想を声に出してみる。すると、あなたの耳がその声をキャッチして「カワイイ」とか「オモシロー」の気持ちを、脳の中で大きく膨らませてくれます。実際に感じているよりも大きな気持ちを感じられるわけですから、とてもおトク感がありますね。

まずはテレビが少しでも面白かったら、「アハハ」です。

アハハ！　アハハ！　アハハ！　とにかく呪文のように唱えましょう。

最初は「ふうーん」「まあまあじゃん？」と感じていたテレビ番組が、「アハハ！　アハハ！」を境に、少し楽しく感じられてきます。そして、楽しい気分はあなたの心を少し晴れやかにしてくれます。

これとは逆に、思わず眉間に皺が寄るような、ネガティブなことを伝える番組や映像はできるだけ観ないほうがいいです。

たとえば陰惨なシーンや心ないゴシップ報道を観ると、脳はしばらくそのイメージに支配されて、気分もどんよりふさぎがちになります。そうした状態でなにかを思ったり考えると、発想自体もふさぎがちな方向に行きやすくなります。

仕事柄、ネガティブな画像を観なければならない人なども、できればプライベートは「アハハ」と声に出せるような番組を観て、心を穏やかに整えていきましょう。

世の中の情勢や主要な事件を知ることは、大人として常識的なことかもしれません。でも心や体をざわつかせてまで、そのことを知らなければダメなのでしょうか？

自分が受け止められそうにないものは、心や体の中に入れない。

あなたにとって大事なのは、心と体の健康です。

自分の心と体の健康を第一に考えていいと、私は思います。

それに現代はいろいろなところで情報が飛び交っているし、いつだって周囲の人々がたくさんの情報をもたらしてくれるから、そんなに神経質にならなくて大丈夫。本当に必要な情報は、頑張ってニュースを観たりしなくても、ちゃんとあなたの耳に届くようになっています。

情報まみれにならなくてすむ環境で過ごすことは精神の安定にいいし、慣れると快適になってきますよ。

テレビを観るなら、面白いと感じられる番組を選ぶこと。少しでも面白い場面があったら、「アハハ」と声に出すこと。とにかく、それを試してほしいと思います。

やってみなはれ。やらなわかりまへんで
――鳥井信治郎（サントリー創業者）

口角を上げることで、脳が反応してラクになり始める

「笑顔」とは？

辞書によると、にこにこと笑った顔、笑い顔、スマイル。

では、「スマイル（ｓｍｉｌｅ）」とは？

口の端を上げることで特徴づけられる顔の表現。

面白いですね。感情についてはなにも書かれていません。

「笑う」というのは、英語で言えば「ラフ（ｌａｕｇｈ）」。これは、面白いことがあったり幸せなどを感じた時に、感情を伴って起こる笑いのことで、ここで取り上げている笑顔＝スマイルは、必ずしも心が伴わなくてもいいのです。

実際、笑顔の場合は、顔にその表情を浮かべただけで脳が敏感にキャッチして、「あれ？　笑っているぞ。楽しいのかな？　そうか、楽しいんだな。じゃ、楽しいエネルギー

を出そう」と、体に指令を出してくれるようになっています。

私たちの脳は、なかなか単純で、思い込みが激しく結構使える奴なんです。

だから、まずはとにかく、作り笑顔をしましょう。

作り笑顔は、うまーく脳をだましつつ、心からの笑顔と同じ作用を体にもたらしてくれます。笑顔でいると、代謝が良くなったり、免疫力がついたり、アンチエイジングの作用をもたらしてくれます。最近では、笑顔でいるとがん細胞も撃退してくれるという研究も進んでいます。

笑顔のパワー、おそるべし！　しかも作り笑顔でいいなんて。

いやあ、ありがたいですね。これはもう、トライしたほうがいいです。

しんどい時に楽しい気分になんてなれません。そんな無理なことは、しなくていい。それよりも、少しだけ口角を上げる。お風呂の中でも、布団の中でもいいから、とにかく口角を上げてみましょう。ここではごく簡単な方法を紹介します。

（一）口を閉じたまま口角を上げます。うまく上がらない場合は、唇の両端を指で押し上げましょう。

（二）口角を上げたまま、頬の筋肉を上下に動かします。これを上下約十往復。

（三）口を開けて口角を上げます。うまく上がらない場合は、唇の両端を指で押し上げましょう。

（四）口を開けて口角を上げたまま、頬の筋肉を上下に動かします。これを上下約十往復。

慣れるまでは、鏡を見ながら行うほうがやりやすいと思いますが、自分の顔を見たくない時は、鏡を使わなくてもＯＫ。とにかく無理をせずに、トライしてみてください。毎日気が向いた時でいいので、この「口角上げ」を続けていると、表情筋の動きが滑らかになって、いつでも、どこでも、どんな気持ちの時でも、口角を上げることができて、笑いの作用が起きるようになります。ぜひ試してください。

一瞬でいいから相手の顔を見て笑いかける

誰かに、その人の顔を見て笑いかけてみる。

これは、今、ハードルが高い注文でしょうか？

「なにかしてもらったわけでもないのに？」「楽しいことがあったわけでもないのに？」と思う人もいるかもしれません。

でもね、ずっとじゃなくていいから。

実験だと思って、一瞬だけ笑いかけてみませんか？　一瞬だけ。

最初は、身内の誰かに笑いかけるのがいいかもしれません。なぜなら、あなたのそばにいる人なら、あなたのことを大切に考えてくれているだろうから、あなたの笑顔にもなんらかのいい反応をくれると思うからです。

「身内」と書きましたが、肉親でなければいけないという意味ではありません。あなたが親しみを感じている人、信頼を置いている人でＯＫです。

「ちょっと誰も思い浮かばないな」と思ったあなた、周囲を見渡して、ゆっくり考えてみてください。「自分が一番親しみを感じられる人は誰かな？」と。

あなたの中で、知り合いをこっそりオーディションするのです。自分の実験のために知り合いから誰か一人を選ぶと考えると、ちょっと面白く感じられてきませんか？

大丈夫、こっそり考えているだけですから、誰も不快にならないし、あなたに被害もありません。

一瞬の笑顔を渡すべき相手が決まったら、いざ、実行です。

では、どんなタイミングで笑う？

一番行いやすいのは、やはり会った瞬間の挨拶でしょう。

「おはよう」「こんにちは」「おつかれさま」「久しぶり」など。相手が挨拶してくれたタイミングで笑顔を渡すもいいし、まず口角の準備をしておいて、こちらから「おはよう」などの言葉と一緒に、笑顔を渡すのもいいと思います。

「ピクピクしちゃうかも……」と心配される方、どうぞ安心してください。一瞬の笑顔ですから、ひきつったりする心配がいらないのです。

「せーの！」で、相手の顔を見て口角を一瞬上げるだけ。ひきつる暇も、失敗する暇もないのです。もしちょっと不自然な表情になったとしても、相手はおそらくなにも思わないはずです。こちらが案じているほど、人はこちらのことを見ていないものなので、どうぞ安心してください。

こちらからのアクションを、相手が「あ、笑顔をもらったな」というふうに受け取ってくれた感触が得られたら、今回のミッションは成功です。相手が「目が合った」くらいの感知の仕方だったとしても、ちゃんと笑顔を渡せているのだから大丈夫です。

女性は口角を上げると、断然美人に見えます。男性はとっつきやすく見えます。

試しに、芸能人が笑った写真を見つけたら、口角チェックをしてみてください。たいてい口角をぐーっと上げています。特に女優さんは面白いほど「あひる口」が定番です。あれは口角が上がってるんじゃなくて、上げてるんだということが、写真を見るとよくわかります。あひる口のあとにきている「かっぱ口」も、やはりチェックしてみると、こちらの口角も上向きでした。流行顔の基本も「口角上げ」のようです。

だからあなたも、一瞬の笑いかけに慣れてきたら、女性なら綾瀬はるかさん、男性なら向井理さんあたりを参考にしながら、口角を持ち上げて「ニーッ」と。えっ？　たとえが美男美女すぎて、その気にならない？　ならば、石塚英彦さんの食べた瞬間のあのおいしそうな笑顔を思い浮かべながら「ニーッ」はどうでしょう？

ね、ちょっと楽しくなりませんか？

そうそう、気持ちが「少し楽しくなる」感じ。

心をラクにさせるためにも、この気持ちはとても重要です。

「自分から他者に笑顔を渡すことできると、自分の心が少し軽くなる」

そのことを感じていただきたいです。しかも、やればやるほど、どんどん好印象の人物になれるわけですから一石二鳥です。

それから、念のためのお話をひとつ。こういうことはあまり考えられませんが、あなたの笑顔に対して、相手の人がいやな反応を示してきたら……。

そんな時は「この人はあまり調子が良くないんだな」と気楽に流すようにしましょう。「どうして?」は不要です。なぜかというと、その方はおそらく本当に調子が良くないか、気持ちにゆとりが持てない状況なのだろうし、その精神状態は当人にしかコントロールできないからです。

そんな時は「あ、ちょっと選ぶ相手をミスっちゃったな」と考えて、オーディションから仕切り直しを。自分のための実験ですから、あくまでも自分が「いい感じ」に近づいていけるように道を作っていきましょう。

「都合のいいように考える」

こういう考え方は、ときにあなたを守ってくれます。

苦手な場面こそ口角を使う

今からお伝えすることは、口角の便利な使い方です。

人と人との関係は、本当に難しいですよね。私も、人にすべてをわかってもらうこと、自分以外の人の気持ちを汲み取り、理解することは難しいことだと感じています。

ですから、まずは相手に良からぬ先入観を与えないように「先手必勝口角上げ作戦」を心がけています。笑顔を向けられていやな気分になる人はいないから、まずはこちらから笑顔をプレゼントするわけです。

これは、相手より先にスマイルを送って、相手に気持ちをほぐしてもらおうという、小心者で人見知りな私が考え出した対処法です。

これまでも何度かお伝えしてきましたが、口角を上げるのに、無理して気持ちを込めなくて大丈夫です。「せーの！」で一瞬笑ったように、口角を引き上げて頬骨筋を少し運動させるだけでＯＫです。

私は日々の暮らしでも、この対処法をフルに活用して生きてきました。これまで何千回と、この先手必勝口角上げ作戦を使っているけれど、特に目立った失敗はなく、ダメな感じにもなっていないので、どなたにも応用できるだろうと感じています。

特に初対面の人や、相手のことがよくわからない時ほど便利ですので、人と会う機会の多い人にもおすすめです。

そして、この作戦は、ちょっと対応に困るという「苦手な場面」でも活用できます。

たとえば、仲間が誰かの悪口大会を始めたとします。あなたはその話に加わりたくないと思っているけれど、その場を立ち去るわけにもいかず……といった場面です。

あなたは、黙って口角を上げていればいいのです。そうすれば、表面上はその場になじんでいますし、あなたは悪口大会に参加していないので、心が痛むこともありません。

もうひとつ、例を挙げましょう。

あなたがしばらく仕事を休んでいたとします。ようやく復職が決まって出社した日に、同僚が「うわあ、久しぶり。心配していたのよ。どこが悪かったの？」と声をかけてきたとしましょう。同僚には悪気《わるぎ》がないとわかっているけど、一瞬、答えに詰まってつらい感じになってしまった。あなたは、できれば病名を言いたくない。あなたなら、この場面をどうやって切り抜けますか？

「お久しぶりです。ご迷惑かけました」と、口角を少し上げながら答えてみてください。勘の働く相手なら、そこで話題を変えてくれるでしょう。相手がちょっと天然な気質の人で「心配してたんだよ。それで？ どこが悪かったの？」とさらに質問してきたら、「ええ、まあ……」と、しっかり濁して、口角を上げましょう。

「どこか悪かったの？」には答えなくていいのです。よほど意地悪な人でもない限り、さらに質問を浴びせる人はいないと思います。

ただし、これ、口角を上げなくちゃダメです。

口角を上げずに暗い表情で「ええ、まあ……」と答えようものなら、「本当に大丈夫？もう良くなったの？」と突っ込まれてしまいますから。

実は、口角を上げることは、「No thank you」のサインでもあるのです。

しかもこちらは頬笑んでいるのだから、相手も不快にさせられたという気持ちになりません。

ちょっと伏し目がちにして、口角を上げる。

これ、使えます。私は、かなり使っています。だから間違いなく使えます。

自分に対して最良の援助者になれ
——サミュエル・スマイルズ（作家　医者）『自助論』

車窓に映る自分に少しだけ口角アップ

電車の中で、スマホでＳＮＳやゲームをしている時の自分の顔。画面からふと顔を上げた時に、車窓に映る自分の顔。

どんな表情をしているか、見たことがありますか？

最近、電車に乗っていると、眉間に皺が寄っている人が増えたなあと感じています。下を向いて小さな画面を見たり操作する機会が増えた影響で、ストレートネック（首の湾曲角度が少ないこと）や肩こり、頭痛人口も急増しているとか。


私は、ＳＮＳやゲームが大好きで肩や首の不調を訴えるメンバーさんに、「移動中のスマホチェックやメールは仕方ありませんが、十分間に一度くらい顔を上げて、首を回したり、目の周囲をマッサージするといいですよ」とお伝えしています。そして「できるなら、そのついでに自分の顔を見てくださいね」と。

人は通常、自分の表情が冴えない時は、焦ってそれを改善しようとする気持ちが働きますが、気持ちがぐったり疲れていると、自分のダメな表情を見てもなにも感じないし「ふうん（別にいいや）」で流せてしまいます。もしくは「どうせ不細工だし……」などと、被害的な気持ちになってしまうこともあります。

でも、ダメな表情を「ふうん」で放っておくと、顔の筋肉がかたまってしまい、いざリカバーする時によけいな手間がかかってしまいます。見て見ぬふりするのはストップして、口角上げのついでに、表情のケアもしてみましょう。

方法としては、十分間に一度くらい、スマホから顔を上げた時に、車窓に映った自分の顔、もしくは窓の外の景色を眺めながら、口角を少し上げてください。

口角をリフレッシュするのです。

口角がいつでも動くように柔らかくしておくと、どこでばったり知り合いに会っても、突発的にいやな場面に遭遇しても、口角を上げてやり過ごせます。

それに**口角を上げると、疲れた顔でも、そんなにダメじゃない顔になれます。**

表情が冴えない自分の顔を見ると、ただでさえ疲れている気持ちがよけいにへこむもの。疲れた顔は、心や体からどんどん元気を奪いますし、それが、自分への無関心や被害的気分を増長させます。

だから、ダメじゃない顔を作れるようにしていくのです。

私は、寝不足だったり悲しいことがあってメソメソした翌朝は、鏡の前でいつもよりよけいに口角を上げるようにしています。そうすると、不細工度が確実に減らせます。

自分の顔を、鏡や窓で見て確かめる習慣をつけること。

口角をいつでも上げられる状態にしておくこと。

この簡単な習慣で、脱ダメ顔をはかりましょう。

「私、電車に乗りませんから」という人には、一日のうち二回くらい時間を決めて、口角を上げる方法をおすすめします。

たとえば午前十時と午後三時、おやつを食べたり休憩する時間に口角を上げるなど。

入浴中に口角を上げるのも、女子力、イケメン力が上がりそうで、おすすめだなあと思います。

もちろん、しんどかったら「さぼり」もありです。「しばらく休み」もありです。

とりあえず決める。決めた通りにする。

これがまず第一歩です。

使ったところが強くなる。頭でも体でも。その反対、使わぬところは

——相田みつを（詩人　書家）

「いや」と思ったら口角を上げる

私たちは日々様々なコミュニケーションを求められますし、人だけでなく、モノや環境などに対しても、いやな気持ちを覚えることはあります。

「いったい一日に何度くらい、いやな気持ちになるんだろう?」と思い、私もチェックしてみました。すると、いやな気持ちにもいろいろあって「ムカつくな」「もー、また? いやになっちゃう」「いやな雰囲気だな」「いやな自分に自己嫌悪だな」などなど、もう十や二十どころじゃなく、いやな気持ちを感じてることに気がつきました(瞬間的なことも含む)。

私だけなのでしょうか? いえ、おそらく誰もが、イヤイヤモードをかなり感じながら暮らしているのではないでしょうか?

「いや」というのはネガティブな感情のひとつで、心や体にあまり良くないだろうなと感じながらも、私たちは日々たくさんの「いや」に囲まれて生きています。

「こりゃ、この状況をうまくなにかに変換しなきゃ……」と思い、考えてみました。

その結果がこの項のタイトル、「いや」と思ったら口角を上げる、です。


本来は、いやな感情を感じたら、深呼吸をするでも、正の字を書くでも、手をパンと鳴らすでも、なんらかの方法で解消できればいいのですが、いろいろ考えてあれこれ検証して、結果、いやな気持ちにも口角上げが効果的だということに行き着きました。

ようは「いやだな」と思うたびに、自分のその感情に気づき、いやだと感じた自分をいやじゃない自分に転換できるよう持っていきたいわけですが、口角を上げることは、その一挙両得になる最適の方法だと思い至ったわけです。


まずは「いやだな」と思った瞬間に、「お、不快になってしまったね。つらいね」と自分に向かって呟いてください。

そして気づいたご褒美に、「口角上げ」を実行しましょう。

いやな気持ちのあとの口角上げが、「もう大丈夫。スマイルパワーが効いてくるからね」の合図になっていくようにするのです。

二十四時間、イヤイヤモードいっぱいの人も、いやと感じるたびに、「お、不快だね」の呟きと口角上げで、いやな気分を中和させていきましょう。一日に感じる「いや」の数が数え切れないくらい多いとしても、そのぶんスマイルパワーがもらえると思えば、少しラクになってきませんか？

いやな気持ちを、ただ「いや」のまま味わっているのでは、あなたがかわいそうです。自分のつらさを認めて、自分を可愛がってあげてください。

いやな気持にも、セルフケアです。

ネガティブワードも口角を上げて言ってみる

口角上げに慣れる訓練はどんどん進んでいきます。

あなたは、ひとりごとを呟くことがありますか?
ひとりごと、私はとても便利だと思っています。
嬉しい時には「幸せだなあ」と言葉にする。
すごくつらい時には「しんどいなあ」と言葉にする。
頭に来た時には「なによ、バカ!」なんて言ってみちゃう。
これ、確実に気分を盛り上げたり、すっきりさせたりしてくれます。

そんなふうに、ひとりごとには心に良い作用があって、なかなかよろしいと思っているのですが、実は私たちはなにか言葉を発する時、その言葉通りの顔をしているのです。

つまり、ネガティブなひとりごとを呟く時は、ネガティブな顔をしているということ。ネガティブな顔で、ネガティブな言葉を吐き出すと、心は真っ黒になってしまいます。

これって、どうなのかしら？

私は、劇団のワークショップで培ったスキルや経験を、「表現法」のワークにもずいぶん生かしていますが、俳優の表現レッスンのひとつである「言葉の感情とは違う表情をしてみる」という方法も、気に入ってよく使っています。

「バカやろう」というセリフを笑顔で言ってみたり、「大好きです」というセリフを泣きながら言ったりするのです。

ドラマはふつう、誰もがハッピーなクリスマスの日に彼氏にこっぴどく振られたり、命が危うい中でお互いの愛を確かめ合ったり、真逆のシーンで真逆のセリフを言うことで人を感動させたりするものですが、私たちの気持ちも、嬉しいから笑う、哀しいから泣くという常識から少し離れてみると、意外な発見があったりして面白いものです。

実際、これはやってみると、とても面白い体験になります。ふつうは笑う場面で泣いたり、ふつうは泣く場面で笑ったり、表現の仕方を変えることで、言葉も本来の意味とは違うニュアンスを持ち始めて、言葉や感情への思い込みがどんどん外れていくのです。

たとえば「ムカつく」と感じた時に、口角を上げて「ムカつく」と発音してみましょう。そうしたら「おおー、これはすごい」という発見があるはずです。

自分の声が、プンプン怒っていたり本気で不愉快に思っている時のドスのきいたような「ムカつく」ではなく、女子高生が甘えてふざけて言っているような「ムカつくぅー」という響きの明るい音になっていて、くすっと笑えるのです。

「ムカつく」がいやなら、「つらい」「嫌い」「やってられないよ」でもいいです。

この効用を一度試してみましょう。

最初は、ネガティブな気持ちのままに、その言葉を口にしてみます。するとネガティブな言葉が、自分の内でズンと重く居座って、ものすごくいやーな気分に。

次に、口角をできるだけ大きく上げて、同じ言葉を口にしてみましょう。

耳に響くその言葉は、ちょっぴりキュートで優しさが感じられたり、コメディのセリフっぽく聞こえたり……。まるで魔法です。


この口角上げの魔法を使うと、あなたの耳に届くのは、いつも邪気の消えた爽やかな音。ささくれだった気持ちまで、ほんわかほぐれていくから不思議です。

劇団のワークショップで行う時は、役者が持つ言葉に対する思い込みをはずし、発想の幅を広げる目的で実施していますが、表現法ワークに取り入れたおかげで、ふだんの生活でネガティブな気持ちに引きずられそうな時も役に立つのだなあと実感できました。

これからは、つい口を尖らせてネガティブワードを言ってしまった時は、口角を少し引き上げて、もう一度、その言葉を言い直してみてください。

聞き心地の良いネガティブワードが、あなたの切羽詰った気持ちをほぐしてくれるでしょう。

笑顔を向けられると誰でも嬉しい

「こんなことをして、本当に心がラクになるの？」なんて思いながらも、ここまで読み進め、いくつかの実験にもつきあってくださった方、ありがとうございます。

私はもしかしたら、あなたの周囲にいる人々は、あなたの実験の効果に気づき始めているのではないかと思っています。たとえ以前のあなたがしんどい状態（「トゲトゲのサボテン」や「キャンキャン吠える犬」や「反応のないお人形」のような状態）を見せていたとしても、今のあなたはそこから少し抜け出して、変わってきているな、と——。

人は、意識することによって確実に変化し、その変化が外側に現れるからです。

リワークのプログラムを受けるメンバーさんは、みなさん、始めた当初よりものすごく大きな変化を遂げて卒業されていくわけですが、そこに至るまでの間には、ご本人だけじゃなく、周囲の人々も、ご本人の気づかぬところで悩まれたり苦しまれていることが多いです。

周囲の人々は、あなたにどうやって手を差し伸べればいいのかがわからないし、もしかしたら、一番大変だった時期のあなたは、差し伸べられた手を払いのけたりもしてきたでしょうから、みんなは見守るしか手立てがなくなっているかもしれません。

けれども、あなたの周囲の人々は、あなたを心配しているし、気にかけています。

「私には、心配してくれるような人がいない」と感じている人もいるかもしれませんが、あなたが病院にかかっているなら、ドクターやナース、ケースワーカーさんは、みんなあなたのことを気にかけていますし、あなたの家族（たとえ離れていても）や同僚、友だちも、あなたが「誰にも頼れない」と決めてかかっているより、あなたのことを心配して考えたり、あなたの態度や目つきに傷つき、悩んでおられると思います。

おせっかいをしないほうがあなたのためだと思っていたり、どう対応したらいいかわからなくなって、遠目に見守っている人もいるかもしれません。あなたは逆に、その人々の距離の置き方や、自分を気にかけてくれない感じに、絶望感を覚えたりもして……。

心身ともに元気な状態でも、人間関係を良好に保っていくのは難しいのに、自分の調子が悪い時はなおさら難しくて、いろいろなことが思いがけず意図しない方向や、都合の悪い方向に動くこともありますよね。

でも声を大きくして言っておきますが、それは、あなたのせいではありません。

だって、あなたはぐあいが悪い、もしくは悪かったのだし、自分の状態を把握することができない、もしくは、できなかったのだから。

そんな時は、「仕方がない」のです。

けれども、そんな日々の中でも、あなたがある日、誰かに向かって、ふと笑いかけたとしたら……（もちろん、この笑顔には心が伴っていなくていいんです）。

笑いかけられた相手は、あなたの久しぶりの笑顔をみてびっくりするでしょうし、すごくホッとするでしょうし、きっと嬉しくなると思います。

想像してみてください。

ファストフードの店員さんが、全員、無表情だったら？

怖いですよね。

でも、もしそこに、ひとりだけ笑顔のお姉さんが現れとしたら？

きっと誰でも、その人の笑顔に、ものすごくホッとすると思います。

あなたの笑顔も、それに負けていません。

少しはにかみ気味でも、少しいけていなくても、あなたの笑顔は、あなたの周囲の人々をハッピーにする力を持っています。

そして、あなたの笑顔は、あなた自身をも幸せにする力を持っているんですよ。

人のために灯を灯せば、自分の前も明るくなる
――日蓮（仏僧）

やっぱり笑顔は苦手と感じるなら

「けれどもそうは言っても、笑うことには抵抗がある」と感じている人もおられると思います。クリニックでも、かなり長い期間一緒にプログラムをやってお互いに打ち解けた頃になって、「先生の言うことを聞いているふりをしていましたが、実は心に響いていませんでした」なんて告白してきた方がいました。

私は当時、その告白に大変傷つきましたし、一時的にやる気も失って、自分の気持ちを立て直すのに多少の時間を要しました。

けれどもあとになってよく考えたら、私はその方のおかげで、現実がわかって良かったのです。その方は親しくなった気の緩みから、相手（私）のリアクションを考えず、その時の気分でそう口にされたのでしょうが、その方と同じようにほかにも「この先生、そんなこと言ってるけど、本当に効くの？」と思いながら、プログラムを受けていた人がいたかもしれない。大人らしく空気を読んで、口には出さずにやり過ごした方もいたのではないか、と考えるきっかけになったのです。

残念なことですが、誰かにお伝えすることが一〇〇％すべての人に共感される、ということは皆無と言ってもいいでしょう。それは仕方がないことです。大人は簡単に外から届く情報を信じませんし、人にはそれぞれ言葉が沁みるタイミングもあります。

私は、メンバーさんの告白がきっかけで、「今は心に沁みないかもしれないけれど、とにかく小さな種を蒔いておこう」と考えるようになりました。「相手の心に響かなくても、私は何度でも気持ちを込めて伝えよう」と決めたのです。

なぜって？

笑顔は本当に心と体に効くということを、私は確信しているからです。そしてひとりでも多くの方に、笑顔によって気持ちが救われることをお伝えしたいと思っているからです。

人はなにかに取り組む時、「こういうふうになりたい」と思って進めるのと、特にイメージを持たず場当たり的に行うのとでは、その成果に大きな差が出てきます。当然ながら、イヤイヤやってもあまりいい結果は出ませんし、結果が出るにも時間がかかります。すると、はなから持っていた「これって本当に効くの？」という気持ちが増幅して「やっぱりだめじゃん」となる。そうすると、ますますやる気は失せてしまうのです。

だから、「どうもやる気にならない」「やりたくないなあ」と感じる時は、「やってみようか」と感じられるまで無理はしなくていいと思います。

どうせやるなら、徹底的に信じて、やる気をもって取り組んだほうが楽しいし、心身のためにも絶対にいいです。

機が熟した時に、それに適した栄養をあげましょう。
それが一番無理のない、自分の育て方だと思います。

人生は生かされているんじゃない。生きる人生でなきゃいけない
――中村天風（思想家　実業家　ヨーガ行者）

chapter 3

笑顔を習慣にする。自分のために

chapter3では、女性におすすめしたい笑顔のエクササイズや
過ごし方を紹介していきます。
体調と相談しながら、「笑顔」を体に沁み込ませていきましょう。
笑顔が身近になると、心にも良い兆しが見られるようになります。

自分のために笑顔でいよう

ｃｈａｐｔｅｒ１、２で「笑顔」についていろいろなアプローチを紹介しました。

ここからは女性の方向けに、もう少し実践的でステップアップした方法を紹介していきたいと思っています。笑顔でいられる方法をマスターすると、笑うという行為に抵抗がなくなって、すんなりラクチンに笑顔をキープできるようになっていきます。

さらには「笑おう」「笑わなくちゃ」なんて考えなくても、笑ったほうがいいと思った瞬間、体が勝手に笑顔を作ってくれるようになります。そうなると、日々の自分の気持ちもラクになるし、様々なコミュニケーションの場面が楽しめるようになります。

さて、実践レッスンに入る前に、一つ整理しておきましょう。

「あなたは、なんのために笑うの？」ということについてです。

笑うことの大切さや、笑顔のメリットなどをお話してきましたが、結局のところ、その方法をマスターするのは誰のため、何のためなのでしょうか？

「セルフメンテナンスができるようになって、症状が軽くなるかもしれない」

「笑顔になると周囲の人の私に対するイメージも良くなって、仲間が増えるかも」

「元気になれるらしい」

「とにかく何かやらないといけないと思って」

「今より幸せな気分になりたい」

「モテたい！」

「人前でも緊張しない自分になりたい」

どれもＯＫ。みんな正しいです。それらは最終的に「自分のため」だから。

そのことをしっかりと胸に留めておいてください。


「自分のため」って聞くと、どこかワガママなイメージがありますか？

でも**自分の面倒が見られない人は、他人の面倒をみることはできません。**

誰もが自分のことで精一杯。誰も自分を犠牲にして、あなたを助けてくれません。

もちろん、あなたに優しく接してくれる人や、本心から心配してくれる人、調子の悪い時にケアしてくれる人もいるでしょう。

けれども、どんな人も、最終的には「自分」です。自分にしか責任が持てない。

あなたが自分自身を救おうと決心し、自分自身をちゃんと愛して、自分自身を厳しく育てていく。それが「自分のため」ということです。厳しいようですが、冷たいようですが、これは真実です。

まずは、あなたが幸せになりましょう。

あなたが元気になって、いつもハッピーな気分で生きていけるようになりましょう。

あなたの人生の主役は、あなたです。あなたを真から救えるのは、あなたです。

ドクターやカウンセラーさんは、あなたの調子が良くなるお手伝いをしてくれますが、あなたに代わって苦しんでくれるわけではないし、あなたに代わって人生を生きてくれるわけでもありません。あなたの両親や兄弟、話を聞いてくれる友だちや仲間も同様だし、あなたもまた、誰かの代わりに苦しんだり生きることはできないのです。

だからあなたの使命は、自分の力で、自分を癒してあげること。
「そうだ」と気づいて、「そうしよう」と決めたら、あとは進むだけです。

これから、三つの表情筋ストレッチを紹介します。朝、昼、晩、ひとつずつです。
無理なら、全部する必要はありません。
でもひとつでいいから、試してみてください。
私は、誰でもなく、あなたにハッピーを感じていただきたいから。
これからのあなたが気持ち良く生きるために、トライしてみてくださいね。

しあわせって自分を大切にすることからなんじゃないかな
――イチロー（野球選手）

朝の「あいうえおエクササイズ」

少し調子がいい朝は、「あいうえおエクササイズ」をしましょう。

これをすると、いっきに「元気モード」にスイッチが入って、朝を楽しく過ごせます。口の緊張がほぐれて、人に会った時も口の端がひきつったり、顔がピクピクすることが少なくなります。だから笑った顔も、より自然な表情になれます。

このレッスンは、鏡を見ながら行います。

(一)「あー」「いー」「うー」「えー」「おー」と、一回大きな口を開けて声を出してみます。近頃、口をあまり開けずにぼそぼそと話す人が増えています。特に「う」は口を閉じて発音しやすいので注意。一音ずつしっかり口を開けて発音しましょう。

(二)「あ」は驚きの「あ!」

目の前で、びっくり箱が急に開いて驚いた！　というイメージで「あ！」と、大きな声で驚いてみます。口は大きく、目もまん丸に見開いてみましょう。

（三）「い」は「イーダ！」の「い」
ちょっと意地悪な相手が目の前にいるイメージで、その人に向かって「イー」と口を横に開いて声を出しましょう。

（四）「う」は「チュー」の「う」
目の前に可愛い子どもや動物がいるというイメージで、可愛い彼らにチューをするように唇を突き出して「うー」の声をのばしてみましょう。

（五）「え」は「え？」という軽い驚きの「え」
誰かから思いがけないことを言われた時を想定して、軽い驚きの「え？」という音を弾ませてみましょう。「え？」と同時に、眉毛が上げられたらカンペキです。

(六)「お」は「おー(なるほどねえ)」という納得の「お」

「おー、そうかそうか」という納得の気持ちで、「おー」の音を出してみましょう。

軽く頷きながら「おー」の音を出すと、うまくいきます。

いかがでしたか? これはある企業の営業担当者向けに作った朝の表情トレーニングを改良したものです。

一カ月くらい続けてみると、感情表現がスムースにできるようになりますし、人前で感じる緊張もコントロールできるようになります。

最初は恥ずかしかったり、バカバカしく感じたりするかもしれませんが、即効性があるので、ぜひトライしてみてください。

快活に考え行動すれば、自然に愉快になる
——デール・カーネギー(作家 スピーチ・対人スキル等の開発者)『道は開ける』

昼の「カンパニーストレッチ」

「カンパニーストレッチ」とは、表情筋のストレッチの一種です。表情筋を効果的にほぐすために必要な口の形が「カ」「ン」「パ」「ニ」なので、こういう名前になったのですが、できればお昼休みにこっそりやっていただきたいストレッチなので、私としてはちょうどいいネーミングになったなあと思っています。

昼休みに行うと、午前中の疲れがリフレッシュできるし、デスクワークでこわばってしまった表情筋もほぐれます。(「カンパニー」と聞くだけで気持ちがざわつく人は「カンパリーストレッチ」に改名してもＯＫです。カンパリーソーダーを思い出せば、爽やかでスッキリした気分になれるのでは)

これは「相手に向ける笑顔」を意識しながら、口角上げから自然な笑顔に近づくためのプログラム。タレントやモデル、アナウンサーなどを見ていると、いつもハッピースマイルで素敵ですよね。そうなりましょうということではなく、それを参考にしながら、あなた仕様の素敵な笑顔を身につけるステップです。

そのポイントは、「瞳も笑っている自然な笑顔」です。

私たちもトライして、少しずつモノにしちゃいましょう。

あまり神経質にならず、お昼ごはんを食べたあとに、気分をリフレッシュするような軽い気持ちで行いましょう。

(一) 目を大きく開けて、口を縦に大きく開けて、「カー」と音を出します。

(二) 顔のパーツを中心に寄せるようにして、「ンー」と音を出します。この時、目もつぶってください。

(三) 顔のパーツを外側に広げるようにして、「パー」と音を出します。開放的な気分で大きく口を開けましょう。

(四) 歯を見せた自然な笑顔で、「ニー」と音を出します。歯を軽く合わせて、頬の力を抜いて行うと、うまくいきます。

（一）から（四）を三回くらい行うと、顔の筋肉がほぐれて笑顔が出やすくなります。大きな声を出してストレッチするのがベストですが、声を出しにくい状況なら、口を開ける時に心の中で声を出してもＯＫ。

食後の眠気覚ましにもおすすめですよ。

自分に何ができるかは、自分さえ試みるまではわからない

――ラルフ・ワルド・エマーソン（哲学者　思想家　作家）

夜の「ウーヒーウーヒー体操」

眠りにつく前に、自分なりの入眠の儀式を持つことは、質の良い眠りのために大切なことです。ゆううつな気分が続いて、病院で睡眠導入剤などを処方してもらっている人もいると思いますが、ベッドに入る何分前に薬を飲むかということも、ルールとして決めておくとよいと思います。

たとえば、毎日ベッドに入る三十分前に薬を飲むのを習慣にすると、体や心がそのリズムを覚えて、やがて就寝時間の三十分くらい前から、自然と眠るための準備が整うようになるのです。ｃｈａｐｔｅｒ１でお話した、起床と就寝を「セブンイレブン」にする（朝七時に起きて、夜十一時に寝る）のと同様、寝る前の時間も習慣を作っていただきたいなあと思っています。

また私は、心地良く眠るために「お風呂」をおすすめしています。調子が悪いとシャワーで済ませるという人が多いようです。その理由のほとんどが「めんどうだから」。「めんどう」というのは、調子がいまいちのサインのひとつですが、気持ちが少し穏やかでいられる日は、できれば湯船に浸かってください。

お風呂は血行を促し、一日の疲れを癒してくれます。体だけではなく、心もリラックスできて、明日の元気につながります。おまけに体が温まると、毛穴の汚れがとれたり、肌がきれいになったり、痩せる効果もあって、本当にいいことづくめです。

こんなにいいことばかりなのに、湯船に浸からないなんてもったいないなあと思い、私はメンバーさんに「めんどうだから」と言われても、諦めずにお風呂をアピールしまくっています。

どうぞあなたも湯船に入ってくださいね。入ったら、本当に気持ち良いですよ。

ベッドに入る一時間くらい前にお風呂に入ってリラックスして、必要ならば薬を飲んで、パソコンや携帯のスイッチをオフして、部屋を暗くしてベッドに入る。

それから、一日のしめくくりの体操「ウーヒーウーヒー体操」をしましょう。

これをやっておくと首や肩の血行が良くなって、よく眠れるし、翌朝の顔のむくみが軽いです。

朝一番に見る顔がパンパンにむくんでいると、ゆううつ気分も増しますよね。

簡単便利な「ウーヒーウーヒー体操」を、ぜひ入眠の儀式のひとつにしてください。

(一) 天井を見て、唇を突き出して「ウー」と音を出します。

(二) 天井を見て、口を開けて歯を見せて、口角を上げて「ヒー」と音を出します。

(三)「ウー」「ヒー」「ウー」「ヒー」と、十~二十回繰り返します。

(四) 最後に口を閉じて、口角を一回上げます。

首やあごの下の筋肉が引っ張られるのを感じながら、しっかり顔の筋肉を動かすのがポイントです。慣れてきたら、両手を胸に置いて「ウー」「ヒー」「ウー」「ヒー」と音を出していきましょう。さらに背筋も伸びて、血行がさらに良くなります。

このストレッチは首やフェイスラインばかりではなく、ぼんやりしていた頭もスッキリしてきます。

この**スッキリという感覚が、とても大事。**

心にもスッキリ感が伝わって、一日のリセット効果が高まるのです。

「今日」という日をスッキリとリセットして、どうぞゆっくりお休みください。

疲れちょると思案がどうしても滅入る。よう寝足ると猛然と自信がわく
――坂本竜馬（幕末の武士）司馬遼太郎著『竜馬がゆく』

しんどい時も諦めずにセルフケアする

朝、昼、夜の笑顔のレッスン、いかがでしたか？

人の心と体はとても繊細につながっています。ですから、そのバランスがちょっと整っていなかったりすると、ストレッチがうまくいかない時もあるかと思います。

私のプログラムは、体の外側からまずほぐし、少しずつ心にもアプローチしていくという方法をとっていますが、体が冷えていたり筋肉がこわばっている時は、心身ともになかなかほぐれてはくれません。気持ちに厚いバリアが張られているような時も、ほぐしていくのに少し時間がかかります。

昨日はストレッチをしたあと気持ちが良かったのに、今日は落ち込みの波がきて、ストレッチどころじゃなく、一度も笑顔にもなれなかった……。

そんな時もあります。

けれども「どれか一回くらいならできる」という気分の時は、一日ひとつでもトライしてください。体の外側からこまめにほぐしていると、心もほぐれやすくなります。

根気よく自分のメンテナンスをしましょう。

そうしていると、ある時、ポロッと変化が現れます。


セルフケアでは、ｃｈａｐｔｅｒ１で紹介したように、本当に状態がひどい時は、自分の体に触るだけでもいいです。

まずは自分の掌を温めましょう。両方の手をこすり合わせて、手の甲も手の平も温かくなるまですりすりしつづけます。冷えきった指先がほわっと温かく感じられるくらい、すりすりしてください。

なにも考えなくていいです。ただすりすりすればいいのです。これならできますよね。

ずっとしんどいのはいやですものね。

どうかやってみてください。


個人的なことですが、私は朝起きて「どうも調子が良くないな」と感じた日は、職場に向かう電車の中で、ひたすら手をこすり合わせて温めています。

掌の表と裏を丁寧にこすり合わせて、掌、手の甲、指先までがほわーっと温まってきたら、今度はその手を顔に近づけて、じんわりとその手の温かさを顔に感じながらゆるゆると顔を洗うように手を動かします。この時、手は顔に直接くっつけずに、手の温度が感じられるくらいの近さにかざすだけ。そうすると、掌から出ている「気」が顔全体に伝わって、じんわりと気持ちよく表情筋がほぐれていくのが感じられて、今日も一日笑顔で過ごせそうな気になってくるのです。

この方法は『ゆる美人プログラム』(高岡英夫著)という本に「疲れ目をリラックスさせる体操」という項目で載っていたのですが、本によると「「気」は目の疲労だけでなく脳の疲労も取り去ってくれる」とありました。これ、本当でした。私は、十年近く前に試してからというもの、少しアレンジを加えつつ、ずっとこの体操にお世話になっています。これ、私にはとてもお気に入りのパワーチャージです。

しんどい時、少し調子を上げたいなと思ったら、この話をちょっと思い出して試してみてください。

もうひとつ、しんどい時のセルフケアです。chapter3で紹介した「カンパニーストレッチ」の「ン」と「パ」だけをやってみましょう。

(一) 顔のパーツを中心に寄せるようにして、「ンー」と音を出します。この時、目もつぶってください。

(二) 顔のパーツを外側に広げるようにして、「パー」と音を出します。開放的な気分で大きく口を開けましょう。

これも、私が調子が良くない日に、仕事前の儀式として、エレベーターやトイレの中でこっそり行っている方法です。おまじない効果を信じて、表情筋をしっかり使って「ン」「パ」を数回唱えるうちに、どこかに飛んで行っていたやる気が戻ってきて、「よし！」という気にさせてくれるのです。

この「ン」「パ」のおかげで、私はいつもメンバーさんの前で「こんにちはー」と、元気スイッチをオンすることができるわけなんです。

顔の筋肉がすごくこわばっている時は「カ」「ン」「パ」「ニ」のフルコースはもとより、

「ン」と「パ」だけでもかまいません。小さな動きでも大丈夫です。声も出さなくて大丈夫です。少しだけ、自分ができるだけ、やってみましょう。

このようにして、自分がしんどい時にもなんらかのセルフケアができるようになると、次に落ち込みの波が来た時に、今よりスムースに抜け出ることができるようになるし、ひどくなる前に対処できたりするようになります。

それに表情筋さえ温めて柔らかくしておけば、心はジトーッと沈んでいても、顔のひきつりには動揺しないですむようになります。

さ、まずは冷たい指先を温めてみてください。

あれこれ考えすぎず、無心でやってみましょう。

明日のことを思い煩うな。一日の苦労はその日だけで十分である

——聖書『マタイの福音書』

鏡に向かって、おまじないの笑顔「いい感じ」

体操の次は、言葉のおまじないを紹介しましょう。これらも心への効果が期待できる方法ですので、トライしてみてください。

私のプログラムのひとつに、メンバーさんに鏡の中の自分を見つめてもらい、私の「いけてますか?」の質問に「いけてます」と答えるという、はたから見ると「怪しい」と思われるようなワークがあります。

最初のうちは「ちょっとむくんでいます……」とか「い、いけて…ません」など答えにくそうな人もいますが、「いけてないと思っても、いけてますって答えてください」とお願いしています。

いけていても、いけていなくても、一生つきあっていく自分の顔。

ならば、いけている顔にしていったほうが楽しいですよね（プチ整形なども流行していますが、ここでは、自力でなんとかしていこうというお話です）。

この方法は、新人女優やモデルクラブのレッスンでも採用されていて、そこでは毎朝鏡の中の自分に向かって「私は可愛い」「私はとても魅力的」と呟くのだそうです。するとその声を聞いた脳が「あ、私は可愛いんだ」と信じてくれて、実際、はためにも、どんどん魅力的になっていくのだそうです。

スポーツ選手が唱える「I can do it」（私はできる）と同じ作用ですね。

「その気になる」というのは、人を元気づけて、思いをかなえる魔法を持っているようです。

でも人間ですから「うっわー、今朝の顔ひどーい」と思う朝もあると思います。そういう日も「うん、いい感じ」と、鏡の中の自分に言ってあげてください。

「悪くないね」ではダメですよ。「いい感じ」と言ってあげてください。

「いいじゃん」「可愛い」「いけてる～」「やるね～」などもＯＫ。自分の心地良い言葉を呟いて、今日の自分の顔をまず褒めて、自分に向かって口角上げの笑顔をひとつ。

そこから一日を始めましょう。

それはやがて、今日一日のあなたを守ってくれる「おまじない」になります。

ポイントは、声に出すこと。心の中で呟くだけでは弱いです。

しっかりと自分を褒めて、そして、ニッコリ。

するとどうでしょう？

さっき「ひどーい」と思った顔が、少し、いけ顔になっていませんか？


実際、リワークを卒業されたメンバーさんのCさんから、

「最初のレッスンでは、『何これ？ 怪しいなあ。いけてますなんて言えない……』と思っていましたが、あれは結果的にとても良かったです」

というお手紙をいただいたことがあります。

その方は何年も気分の落ち込みが治らず、心の不調が身体症状にも出て悩んでいらっしゃいました。リワークのプログラムに参加して、投薬治療や生活習慣の見直し、リフレッシュ方法の習得に取り組まれる中で、「怪しい」と思いながらも、症状を軽くしたい一心から、「やってみるしかないかな」と決心されたようです。

「本当に効くの?」という疑った感じは、私からも見てとれましたが、何度かプログラムを重ねるうちに「いけてます」も言葉に出してくださるようになりました。

やがて顔の筋肉がほぐれ、心の抵抗感が薄れて、「いけてます」と言いながら笑顔まで見せてくださるようになった頃、Cさんは自分の疑い癖や、言い訳癖、悲観的に考えがちな癖に気づいたそうです。身体症状も軽くなって無事に復職され、今は元気に社会生活を送られているとのこと。

近況が綴られた手紙には、「思い出した時に『いけてます!』、まだやってますよ」と書かれていて、私も嬉しくなりました。

運命がレモンをくれたら、そのレモンでレモネードを作る努力をしよう
——デール・カーネギー(作家　スピーチ・対人スキル等の開発者)『道は開ける』

空を見て「キレイだな」「いいお天気だな」と呟く

空を見上げること、一年にどのくらいありますか？

最近はスピリチュアルな考え方も広まっていますので、空や月、星などを眺める習慣を持つ方も増えているように思います。

空を見ることは、気分が沈んだ時にも、とてもいいこと。

私もメンバーさんにおすすめしていますし、お天気がいい日のプログラムではみんなでベランダに出て空を見たりもしています。


空を見上げると、まず目線が上がります。そして胸が開きます。

そのことによってたくさんの空気が体の中に入ります。

ここが重要なのです。

私たちはイライラしている時、哀しみにくれている時、沈んでいる時など、良くない状態の時には浅い呼吸をしています。神経のコントロールがうまくできないからです。

こういう時は、肩が下がって猫背になり、目線も落ちているので、ただでさえ呼吸が浅いのに、息が体の中になかなか入っていきません。そうすると、体の巡りも悪くなり、気持ち的にも負のスパイラルから抜け出せにくくなってしまう。

良くない状態です。けれども、しんどい時は「顔を上げよう」という気にはなれませんよね。それもよくわかります。

だったら、考え方を「空を見よう」に変えてみませんか?

なーんにも考えないで空を見ていて、「ふうん、きれいね」とか「気持ちいいかも」とか、いいイメージの言葉が浮かべばしめたものです。

その言葉を、音にしましょう。「ふうん、きれいね」と声に出すのです。

そして、何度か繰り返して言葉にしたら、深呼吸や口角上げをしてみてください。

うまくいくと幸せな気分に包まれてきて、ちょっと元気になってきます。そこまでいかなくても、心が少し軽くなります。

ときには「空を見ていたら、よけいに気持ちが沈んだ」「涙が出てしまった」ということもあるでしょう。

その場合は、棒読みでいいです。

「きれい、きれい、きれい……」「気持ちいい、気持ちいい……」と呟きましょう。泣きながらでもいいです。「そらがきれいですね」と感情を込めない、色のない音でもいいから呟いてみてください。

空を見てなにか呟いている間は、少なくともあなたの目線は上を向いています。うつむいていた時より、少なくとも呼吸はなめらかに深くなっているはず。「空を見る」も体の外側からのアプローチになるのです。

その一瞬だって、あなたはセルフケアができているのです。

気持ちに少し余裕がある時は、友だちや仲間と「今日はキレイな空だね」と笑顔を交わし合ってみましょう。お互いにいい気分を共有できるし、ちょっぴり親密にもなれます。思わず緊張してしまうような初対面の場面でも、相手との沈黙の合間に「今日は空が澄んでいますね」と話しかけてみるのもいいと思います。

一緒に空を見上げるという行動は、一緒にリフレッシュするということ。同じものを見て一緒にリフレッシュできると、その関係は深まります。

曇りの日だって大丈夫。「今日は曇ってますけど、明日は晴れるといいですね」と空を見上げながら呟くと、他愛のない会話もリフレッシュになります。

空は、いつでもそこにあり、助けてくれるものです。

どうぞ、見上げてみてください。

あなたの顔を日光に向けていなさい。そうすれば陰影を見なくてすむ。
いつも心理に目を向けていなさい。
そうすればあなたの心から不安、心配は消える
——ヘレンケラー（社会福祉活動家　教育家）

トイレタイムも「笑顔」をレビュー

セルフケアの習慣がついてきたら、「**いつでもどこでも簡単に**」の気分で、笑顔を味方につけていきましょう。

でも誰でも彼でも手当たり次第に笑顔を振りまいていると、相手のリアクションに応えるのも大変ですから、トイレタイムに、口角上げのレッスンや笑顔のレビュー（復習）を行いながら、あなたの笑顔を磨くことをおすすめします。

今まで紹介してきた「あいうえおエクササイズ」や「カンパニーストレッチ」「ウーヒーウーヒー体操」などを声を出さずに行うのもいいのですが、変化球のアイテムとして「ただただ笑ってみる」というのもおすすめです。

「ニーッ」と笑って、ふつうの顔に戻り、また「ニーッ」と笑う、をゆっくり数回。

それだけでも、気分も表情もスッキリしてきます。

注意としては、ラストは「ニーッ」と笑った顔で締めくくることです。

そしてせっかくだから、手もきれいに洗って、笑った顔と一緒に気分もスッキリさせて化粧室を出ましょう。

この「手を洗う」という行為は、調子があまりよくない時にも使える作戦です。しかも化粧室など手を洗える場所さえあれば、職場、学校、街中のビル、駅、友だちの家などどこでもできます。

ポイントは、心を込めて手を洗うこと。石けんを泡立てて、指先まで丁寧に洗って、ぬるま湯か冷たい水で、きれいに洗い流します。そうすることで気持ちがスッキリ落ち着いてきて、自分の状態も把握しやすくなります。

そしてラストは、鏡の前で「ニーッ」と笑顔を作って完了。

特に急な気分の落ち込みを感じたり、心にズドーンと重い疲れを感じてしまった時も、化粧室での手洗いが効きます。手洗いでいったん気持ちも切り替えて冷静になれるので、自分の感情に振り回されることが少なくなり、いろいろな対処もできるようになります。

もちろん調子がいい時にやってもＯＫ。心の疲れが予防できるし、気分転換にもなりますよ。

最近は、公共の施設の化粧室もきれいな所が多いし、デパートの女性フロアなどでは香りの良いハーブやフレグランスを使って、リラックスできる空間を演出しているところがたくさんあります。

よく行く街や職場の近くなどに「いざの時に駆け込める、居心地の良い化粧室」を見つけておくのも楽しいですね。

化粧室は、いつでもひとりになれる最高の空間。しかもきれいな水も、鏡もある。とても便利で、ありがたい空間です。

一日三回、なにもなくても深呼吸してから笑う

以前、自分の知らぬ間に自分の顔を動画で撮影されたことがあります。

キッチンで何も考えずに洗いものをしていた時、私の横顔を身内がふざけて撮影したのです。それを見せられた時のショックと言ったら……。

だって画面に映し出された私の横顔は、疲れて、不機嫌そうで、不幸せそうで。その時、私は淡々と家事をしていて、不幸せな気分だったわけではなかったように思います。

（それなのに、どうして私はこんなに怖い顔をしているの？　たぶん私は、家にいる時は笑顔でいることを忘れて、いつもこんな感じの厳しい表情をしているのだろうな。どうしよう。こんな怖い顔ってことは、私の心は本当はダメダメってこと？　私はこんな顔ばかりを、身内に見せてきたの？）

と、内心かなりのショックを受けて、考え込んでしまいました。

外で仕事をしている時は、よそゆきの笑顔。家では、老婆のように疲れた顔。

この状況って、いかがなものでしょう？

よくよく考えてみると、私は家にいる時に「ああ、疲れた」と呟くことがものすごく多いことに気がつきました。

クリニックではみなさんに「笑うと脳がだまされて、気持ちも元気になりますよ」などと話しながら笑顔をおすすめしているくせに、自分は帰宅するやいなや、すかさず笑顔のスイッチをオフにして、疲れを呼び込んでいたのです。

オーマイガッ！　だから毎日夜になると、頭痛や腰痛が起きていたんだ。

私はその時、一日のうちで笑顔の電源をオフにするのは、寝る直前「よし、今日はこれで終了」という状況になってからにしよう、と思いました。


それからの私は、日中、気がつくたびに笑顔のスイッチを自分から押しなおすようにしています。笑顔の前に深呼吸をするとリフレッシュできるので、それも行うことに。

そうすることによって、日中疲れにくくなった気がするし、帰宅後の家事もスピードアップしたように思います。なにより「疲れた」と呟く回数が減りました。洗いものをしたり洗濯物をたたんでいる時も、思い出したら笑ってみるようになり、そうすると、だらだらとやっていた家事が少し色づいて感じられて……。うん、悪くないのです。「疲れた」というワードは不思議なことに、呟けば呟くほど、疲れが深く感じられるようになります。

疲れた時こそ、ちょっと深呼吸をして、口角を上げて「ニーッ」の笑顔。

そうすることで、疲れが浄化するのだと、改めて実感できました。

一日に少なくとも三回、笑顔のことを気にかけると、表情は違ってくると思いますよ。

反省し、直そうとするから、改善があり、進歩がある

——真藤恒（実業家　NTT初代社長）

いいと思ったら「すごいね」のスマイル

人の話に「いいね」と感じることが多い時は、心が安定しているサインです。逆に気持ちが落ちている時や、ゆううつだったり被害的な時は「いいね」より「だからダメなのよ」といった批判のほうが心に宿りやすくなります。

たとえば帰宅するための満員電車の中。誰もが疲れている雰囲気で、車内にもネガティブな空気が蔓延。そんな中にいると「混んでていやになっちゃう」「気持ちが悪いな」など、感じることや考えることもネガティブなことが中心になりがちですよね。

人はどちらかというと「正」のエネルギーより「負」のエネルギーを受けやすい生き物です。中でも日本人は、寂しさやせつなさに美学を感じるようなところがあるように、負のエネルギーを好む気質があるように思います。

けれども日常は、なるべく「ケ・セラ・セラ」（なるようになる）でいきたいもの。

どうしてって？

簡単です。「ケ・セラ・セラ」のほうが、気持ちがラクだからです。

人はみんな、それぞれに喜びや感動、幸福を感じる瞬間がありますし、苦労や悲しみももれなくついてきます。誰だって、前者をいっぱい味わいたいし、後者はスルーしたいなあというのが正直な気持ちでしょう。

昔の日本人はよく「若い時の苦労は買ってでもしろ」などと言いました。でも私は、誰の人生にも苦労はもれなくついてくるのだから、別にわざわざ買わなくてもいいのではないか、と思ったりもします。

「生きるってしんどいことだなあ」と感じている人は多いだろうし、調子が良くないと、なおさらそんなふうに感じやすくなりますよね。ただでさえつらいんだから、これ以上つらくならない方法を考えるほうが、生き方としてもいいように思うのです。

そこで、どうするか？

「正」のかさましをするんです。

「いいね」と思ったことは、おおげさに「いいね」「すごいね」「素晴らしいね」と賞賛しましょう。これは自分にも、他の人にもです。

そう、褒め上手になるのです。

褒められて、いやな気分になる人はほとんどいないです。自画自賛の場合も同様です。たとえば、ひとりで料理を作ったとしましょう。食べてみて、それが結構おいしかったら「すごいね。おいしい。私って天才だわ」と自分を褒めましょう。

バカみたいですか？

バカみたいでも、不幸より幸せのほうが、「ダメ」より「いいね」のほうが、いいと思いませんか？

「かさましようにも、そんなにいいことがないしなあ……」

そうかもしれません。でも、小さなハッピーでも、見つけたらかさましです。

友だちの靴が素敵だなと思ったら「その靴、すごくいいね。とても似合ってるよ」とちゃんと言葉にするのです。そして笑顔も添えましょう。

「えー、バーゲンだよ」などと相手は謙遜（これも日本人の特質ですね）するかもしれません。でも、たぶんまんざらでもなさそうな嬉しい表情を浮かべてくれると思います。その顔を見て、あなたも嬉しくなる。

これが「正」のかさましです。

もしかしたら気を良くした友だちが「そういえばあなたのこの間のバッグ、素敵だなあと思ってたの。どこで買ったの？」と、あなたのことも褒めてくれるかもしれません。

気持ち悪いですか？

でも不幸より幸せのほうがいいと思いませんか？

たったひとことで、二人ともハッピーになれるなんて素敵だと思いませんか？

また、おそらく調子が悪い時は「ものごとは真正面から受け止めるより、斜に構えて見たほうが、自分をうまく守れる」と感じることもあるでしょう。でも斜めから見る考え方は、けっして自分のバリアにならないことも多いのです。

だって現実はまっすぐなのに、斜めに見るように自分を仕向けることで、自分をかえって傷つけたり、かえって苦しさがかさましすることもあるからです。

セルフケアのつもりの斜めな目線は「負」のかさまし。
「どうせ」「べつに」をいくら増やしても、心はラクになれません。
それより「いいね」をもっとかさまして、「正」のエネルギーを増やしましょう。
方法は、人（自分を含む）を褒める＋笑顔。これに尽きます。

幸福は自ら足れりとする人のものである
――アリストテレス（哲学者）

chapter 4

ダメ、笑えない…と感じた時のセルフケア

心や体が本当につらい時は、笑顔のことはひとまず忘れて
セルフケアに集中しましょう。行きつ戻りつでもいいのです。
chapter4ではしんどい時におすすめの過ごし方を紹介します。

「寂しい」に負けそうな時は外に出る

元気な自分でいたくて、いろいろなことを試しているあなた。

けれども、最近どうしようもなく寂しい、せつない、むなしい……。

理由《わけ》もなくモヤモヤした気持ちに襲われて、どうしようもなくつらい気分になってしまうこともあると思います。そんな時は、周囲の人が幸せそうに見えるし、「誰も私のことをわかってくれない」というひとりぼっちの気分になりますね。


そんな気持ちが占めてきたら、なかなか笑顔にもなれません。しんどい時は無理してやらなくていいです。けれども本当にしんどいのかどうか、自分の状況はよく観察してみましょう。自分を観察して、自分の状況がつかめるようになって、自分で対処するという習慣を作っていくことが、あなたを「寂しい怪獣」から救うことにつながります。

そしてもし、自分の状況を観察してみて「つらいよう」「寂しいよう」という気持ちでいっぱいなようなら、とにかくその場は、あなた自身を救ってあげなければ。

あなたを救出する作戦として、できることなら外に出ることをおすすめします。

あなたを癒してくれる、温もりのある場所にお出かけするのです。


次の項から紹介する四つの場所は、いずれもクリニックで「行ってみたら、気分がちょっとラクなれた」と聞いたことがあるスポットです。美容院、おひとりスパ、ネコカフェ、図書館……。それ以外にも、ヨガサロン、料理教室、エステ、神社仏閣なども候補にあがったのですが、ここではお出かけビギナーでも行きやすい場所をセレクトしてみました。

私はどんな場所が落ち着くのか。

私はどんなことをすると心地良いのか。

自分なりの「お助けスポット」を見つけて、しんどくなったら訪れるというふうに決めておくのもいいと思います。

ちなみに私のおすすめスポットは、「ひとりで来ている人が多い場所」です。

寂しさを抱えてしまった時に、ファミリーが楽しそうに集う場所やデートスポットに行っても、気分はなかなか立ち直りませんが、「おひとりさまスポット」に行って周囲の人をぼんやり眺めていると、「みんなひとりで、ゆったり過ごしているんだなあ」という気づきがあって、ちょっぴりパワーが出てきます。そういう意味では、自然に抱かれたネイチャーカフェや、近頃人気の古民家カフェなども、おひとりさま女子が多いので、心の休息ができるかも知れません。

ひとつ注意していただきたいのは、「占い」「新興宗教」「出会い系」のたぐいについて。「寂しい怪獣」に取り込まれてしまっていたせいで、いつもの判断力を失って、占いや新興宗教にハマってしまい、とんでもない散財をしてしまった例や、出会い系で会った人に心や体を傷つけられたという例があります。

だからこの時期はくれぐれも、あなたの孤独にすーっと入ってくるようなものには「気をつけてくださいね」「のめり込むかどうかは、判断力が戻ってから決めてもいいと思いますよ」と、あえてお伝えしておきます。

もちろん大人のあなたが自己責任で行うことですし、人にはいろいろな幸せの形があるので、あなたの選択にどうこう言ったり口出しすることではないと思います。でもメンタルが弱っているということは、冷静な判断ができにくいということ。注意して、注意して、注意しすぎるくらいでちょうどいいと思います。

あなたの未来を大切に守ってほしいから。

しんどい時期には「新しい何かを始める」のではなく、気ままにふらっと訪れることができる、誰にもオープンな場所を利用することを、強くおすすめしたいです。

やがていつかは身も軽く、心楽しい朝が来よう
――マーガレット・ミッチェル（作家）

美容院でうっとりする

私は、プロの美容師さんの上手なシャンプーテクニックは、かなりの癒し効果があると確信している人間です。ストレスがたまったなあ、疲れがたまったなあと感じた時は、美容院でのシャンプーが効くような気がして、髪の毛をカットしなくても、ヘッドスパ目当てにいそいそと出かけます。

何がいいかって？

それはやはり「人の持つ温もりとハンドパワー」ではないでしょうか。

頭はとても大切な場所で、自律神経のバランスを調整してくれるツボがたくさんあります。そのせいか、丁寧にシャンプーしながらマッサージしてもらうと、気持ちもスッキリしてきます。頭皮をほぐすと同時に顔の筋肉もほぐれるので、こわばっていた顔も緊張がほぐれて優しい表情に戻りますし、血色も良くなります。

行きつけの美容院があるなら「今日はちょっと疲れがたまっているんです」と伝えると、いつもより念入りにシャンプーしてくれると思います。新規の店でヘアのお手入れをするなら「シャンプーが上手な方をお願いします」と伝えてみるのもおすすめです。きっとその店の腕自慢の美容師さんが、丁寧なシャンプーをしてくれますよ。


のんびりと人に頭を洗ってもらう。

そんな貴重で嬉しい時間が、手頃に手に入れられるなんて。

現代人で良かったなあと感じる一瞬です。


美容院には鏡があるから、落ち込んでいる時は行きたくないという人もいるでしょう。

そんなあなたには無理におすすめしませんが、最初は「鏡を見るのはいやだな……」と感じていたあなたも、シャンプーが終わってブローをしてもらう頃には顔を上げることができるかもしれません。それに美容院では、雑誌を読むというお楽しみもあります。

何冊か雑誌を用意してもらえば、美容師さんもあれやこれやと話しかけてこないだろうし、鏡に映る自分の顔を見なくても不自然にはなりません。
気が向いたら、ふらっとお出かけしてみてください。

人の手は人を癒し、人肌は人を癒します。

ですから、美容院はいいのです。

おひとりスパで優雅に復活

スパというと敷居が高いイメージがあるかもしれませんが、「スパ」すなわち大型のお風呂屋さんは、今、日本の女性に大人気です。

休みの日ともなると、人気のスパは朝からくつろぎにやってくる女性のおひとりさまでいっぱいです。家族連れがいっぱいというイメージが強かった昔のスパと比べて、設備はきれいだし、エステやマッサージ、あかすり、ミストサウナ、岩盤浴なども楽しめます。女性専用のヒーリングルームを設けているところもあり、お風呂のあとでゆっくりまどろんだり、読書を楽しんだり、テレビやＤＶＤを観れるので、気分転換にもおすすめです。

「読書やＤＶＤなら家で観れますよね」と思うかもしれませんが、家とは違う空間で、ぜひそれらを体験してみてほしいです。調子が良い時は、家でテレビを観ながらでまったり過ごすのもいいですが、調子がいまいちの時にひとりで家にずっとこもっていると、人によってはよけいにふさぐこともあります。

あえて、人の気配があるところで過ごす、ということをしていただきたいと思います。人の手、人肌と並んで、人の気配もまた、人を癒してくれるのです。


誰かと話したり、誰かと一緒になにかをやるわけでもない。

ただ、隣に人の気配を感じていただきたいのです。

見知らぬ女性同士が同じ時に同じ空間にいて、それぞれ気ままにお風呂に入ったり、エステを受けたり、読書をして過ごしている……。その空気感は、言葉を交わす以上の落ち着きを、あなたの心にもたらしてくれると思うのです。裸のつきあい効果ということでしょうか、温かいお湯や大量の湯気も、癒しの効果をさらに高める役割をしてくれていると思います。

十分にリラックスして、スパを出る頃には、心の中にたまっていたゆううつもデトックスされて、肩の力がふっと抜けているかもしれません。

ネコカフェで再生する

セラピーの手法の一つである「アニマルセラピー」。これは近年、日本でも一般的になっていて、動物とのふれあいによって人のストレスが軽減したり、情緒を安定させる効果があると言われています。孤独感を軽減させる効果もあるので、ひとりぐらしの高齢者の心のケアや、長期入院患者のケアにも用いられています。

調子が良くない時期に、ペットショップに行って小動物を選んで買って、飼い始めるといった労力のかかることはあまりおすすめできませんが、気軽に動物と触れ合える「ネコカフェ」（ドッグカフェなどももちろん◎）は、いつでも好きな時に行って動物とじゃれあえるので、おすすめです。

お茶を飲みながら、自由気ままにすごしているネコちゃんを眺めていると、なんとも気分がラクになってきます。ときにはネコちゃんを抱っこしたり、頭を撫でてあげたり、肉球をプニュっとしたりするのもいいですね。店員さんに「撫でられて喜ぶネコちゃんはどの子ですか？」など、ネコちゃんの気質を聞いておけば、撫でていやがられて凹む心配もありませんから安心です。

そして、その空間に集っているのは、ネコちゃんが好きな店員さんと、ネコちゃんが好きなお客様が中心。その場でさりげなく感じられる「ネコって可愛いよね。大好き」という仲間意識が、とても落ち着く空間を作っているのだと思います。

動物好きな方は、アニマルセラピーの力を借りて、パワーチャージしてみてください。
ネコちゃんたちの愛らしい姿に自然に口角が緩んで、スマイルパワーも復活です。

ラクにいられる図書館カフェは、とてもいい

街中のカフェに行っても、なんとなく落ち着かない。そんな時もあると思います。気持ちが落ちていたり、ざわついている時は、カフェでのんびりお茶なんてしていられない気分になったりもします。スマホにも集中できなくて、よけいにイライラということもあると思います。

そういう時は、「図書館カフェ」はいかがでしょう?

図書館カフェは、その名の通り、図書館の建物にカフェが併設された空間で、最近、都内を中心に全国に広がってきています。そういえばカフェを併設した本屋さんや、書棚のそばに椅子を置いてくれている本屋さんも、最近、多くなってきましたね。

図書館に行くからといって、無理して本を読まなくてもいいと思います。本の表紙の色合いや、その本が醸し出している雰囲気を感じて、好きな一冊を手にとって、ぱらぱ

らめくってみるだけでも、癒しの効果は得られます。面白そうなら読み進めてみるのもいいし、ふだん読まないジャンルの本を開いてみたり、高価だから買うにはちょっと、と思っていた写真集などを、眺めてみるのもいい。

そうしてひと息つきたくなったら、カフェで好きなお茶をゆっくり楽しんで、飽きたら、また図書館のほうにふらりと行ってもいいし、書棚の近くの椅子で本を広げながら読書をしている周囲の人々をウォッチングしてもいいし……。

お勉強や自己啓発じゃなく、ラフな感じで訪れることができる。しかもただお茶を飲むだけのカフェとはひと味違う過ごし方ができる。

そんなところにも、図書館カフェの魅力があると思います。

本は、朗読や読み聞かせじゃないかぎり、ひとりで読むものです。だから図書館にいる人々も、誰かと一緒に来ていても、ひとりで自由に時間を過ごしている人がほとんど。その空間には街のような喧噪やざわめきがないし、ひとりひとりの心の世界を尊重してくれる雰囲気があるから、あなたもきっと少し自由感を感じられるはずです。

それに、たくさんの本に囲まれていると、自分の心や知が守られているような気がするのは私だけでしょうか。本が持つ独特の温もりのせいなのか、図書館が持つ独特の匂いや気配の影響なのか、たくさんの本に囲まれた図書館の空間は、私たちに安らぎを与えてくれているように感じています。

人の気配があるのに、静寂がただよう場所。

本が好きな人には、とっておきのパワーチャージの場所になると感じています。

僕、一人は好きだよ。寂しいのは嫌だけど。
一人は寂しくないもん。
寂しいっていうのは人と人との関係の間で起きることだから。
一人ぼっちってよくいうけど一人っていうのはちっとも寂しいことじゃないんだ
——甲本ヒロト（ミュージシャン）

「外になんか出られない」なら一日限定で「おこもり」する

「今日はどうしても外に出たくない」「出られません」という時もありますね。

「しんどくても毎日通勤しているのだから、休日の外出は無理」

「今はもうクリニックに通うだけで精一杯です」

そうした人は、もちろんお家でゆっくりしてくださっていいのです。そうではなく、ここでお話したいのは、「なんとなく調子が悪くて、土日はずっとベッドの中にいます」とか「部屋はグチャグチャだけど、掃除したくなくてゴロゴロしています」という感じの人や、「このまま家にこもると、やばい予感がする」と、この状態を続けることが必ずしも良くないことにうすうす気づいている人。

そんな方は、できることなら一日数時間でもいいので、外出＝家の外に出るようにしていただきたいと思います。そして、どうしても気がのらない日だけ、一日限定の「おこもり」を決め込んでください。

「今日は休んでよし」と自分で決めると、気持ちがラクになります。

「あーあ、今日も家にいていいのかなあ」「どうしよっかなあ」と思いながらおこもりしているより、「今日は一日家にいる」と、あなたが決めてください。

そうして、どうする？

「ひたすら寝る」という人、多いです。

調子が悪くて真から疲労を感じているならば、寝るのもありだと思います。ただ、リワークでは「休みの時もなるべく生活リズムを守りましょう」とお伝えしています。リズムが狂ってしまうと立て直しは本当に大変なので、ラクになるために休んだつもりが、かえってぐあいが悪化するということになりかねないからです。日中に寝てしまうと夜は眠れなくなります。だから、なるべくなら起きて、ダラダラするほうがいいと思います。

さて、女性の方の「おこもり」には「オンナを磨く」というのをおすすめしたいです。

オンナを磨く。言葉にするとちょっとえぐいですね。でも、どうってことはないです。**自分がラクにできるお手入れを、自分にしてあげようという意味です。**

いい香りのアロマオイルをバスタブに入れて、半身浴をするとか、またはアロマオイルの香りに包まれて、足湯をしながら読書するとか、自分でネイルケアをするとか……。

もちろん、パックやフェイスマッサージなどもいいと思います。

ポイントは、「いい香りのするのオンナ」になること。

今はアロマの香りのオイル、ミスト、石けん、お香、フレグランスなど、あらゆる香りグッズがあふれています。

そうしたものを使って、自分の体や身の回りをいい香りで満たすのです。

これは確実に、気分が良くなります。

また、ネイルケアのように細々と集中できることに取り組むと、気分もすっきりします。足湯をしながら、編物やパッチワークなどもいいですね。

ここでスマホやゲームを取り出す人も多いと思いますが、一日限定のおこもりの日は、ネットやバーチャルな世界での遊びや交流をオフして過ごせるといいなあと思います。

せっかくのおこもりだから、「自分磨き」と一緒に「脳の休息」もしてあげてほしいのです。

のんびりしても、自分を磨いているから「サボった感」はないし、脳が休んでいるから、頭はスッキリ、しかも体はいい香り。

自分のいい香りにニンマリしつつ、これからのＧＯに備えてください。

休息とは回復であり、何もしないことではない
――ダニエル・Ｗ・ジョセリン（作家）

部屋のどこか一カ所をキレイに掃除する

あなたがこの本のどこか項目を読んで、「やってみようかな」と考える。たとえば、自分の気持ちをノートに書いていく作業。自分の今の気持ちを探りながらノートに書いていて、途中で「バッカみたい。こんなことして何になるの？」と思ってしまう。

そしてむなしさがこみ上げてくる……。

コンナコトシテナンニナル？

それはいつでも私たちのそばにある「危険な気持ち」のひとつです。なにをするにしても、このワードは、私たちを邪魔をしようとします。実際にこのワードのせいで「もうやめた。バカらしい」と思って、やめてしまったこともあるのではないでしょうか。

コンナコトシテナンニナル？　は負のワード。

ワタシニハムリ……も、同意語です。

こうした負のワードが心を支配して、むなしさが襲ってきた時、私は水回りのお掃除をします。

水回りのお掃除は、心を浄化するのに、断然おすすめです。お風呂を徹底的に磨く。シンクをクレンザーでピカピカにするなど。目に見えて変化がわかりやすい場所を、とにかく一生懸命お掃除です。お皿洗いでもいいし、気になっていた換気扇をザブザブ洗うというのもいいですね。

いつも気をつけてきれいにしている場所だと成果が見えづらいので、なるべくなら、掃除しようと思いつつ放っておいた場所がいいと思います。

ただただ無心で、ひとつの場所をキレイにする。

そうすると、脳は掃除のことで占領されていきます。それとともに、危険なワードの支配は薄らいでいきます。

なぜって「コンナコトシテナンニナル？」は、お掃除に通用しないから。

そして、お掃除を終えてスッキリとした脳で、またノートに向かったとしても、もうあのワードは現れません。

お掃除のあとの脳は「今度の作業は、心のお掃除だ」ということを、ちゃんと理解できているから。

無心で行う、それが成果に現れるということは嬉しいことです。自分の中に宿った負のワードを退治してくれて、気持ちもスッキリさせてくれます。

しかも部屋はきれいに片づく。とてもおトクな方法だと思います。

たまにはテレビより、ラジオがいい

日本人はテレビが大好き。「家では一日中、テレビがついています」という人もいるのではないでしょうか。楽しいテレビは気分転換になるし、笑う練習に役立ちますし、友だちとの話題作りにも便利だな、とは思います。

では、ラジオはどうでしょうか？

今、ラジオ番組のことを話題にしている人は、とても少ないです。

ラジオ、なかなかいいなあと思うのに、残念なことです。

私が、ラジオがいいと思う理由のひとつは、人間の声が持つ癒しの力を味わえるところです。人の声には癒しのパワーがあるそうなのですが、テレビだと映像が優先されて声に集中することが難しいので、この癒しを感じとることができません。それに、テレビは人の声をしっかり聴けるような構成の番組はほとんどなくて、どちらかというと「癒し」より、脳に刺激を与える作用になっていると感じています。

その点、ラジオはパーソナリティやゲストの声をリスナーに聴いてもらうよう構成されているので、一度に多くの音や雑音が入らず、とても聴きやすいから、人の声に集中することができます。

実際に聴いてみると、ラジオのパーソナリティの方々は、声の響きの良い方が多いことに気づかされます。少し低めの深く落ち着きのある声は、金属音が混じっていないので、聴いていると気分が落ち着いてくるし、語尾が消えない抑揚のしっかりした話し方は、私たちに安らぎを与えてくれます。

それにラジオは、騒がしいスタジオでの録音というイメージより、パーソナリティがブースの中でリスナーを思い浮かべながら語りかけているイメージがあるので、その静けさが親近感となって、いっそう心に沁みるのかもしれません。

心が少し弱っている時は、テレビだと脳が疲れやすいし、テレビを消した瞬間に静寂が訪れて孤独度を増しやすいので、ラジオに切り替えることをおすすめします。

そういう時は、音楽ももちろんいいですね。

私は、心が落ち着くので、ヒーリング系の音楽やヨガで使うマントラをよく聴きます。ただ、時として、いつもは気に入っている音楽なのに、今日は聴いても落ち着かないということが起こります。そういう時は、音楽より人の声のほうが落ち着くこともありますので、ぜひラジオを聞いてみてください。

また、テレビやスマホ、SNS、動画サイトなど、今の私たちの生活に欠かせなくなっている様々なツールは、ときとして便利ですが、使い方によっては、自分を害するものになってしまうことがあります。状況と場合によって上手に使い分けましょう。その「使い分け」ができるようになるためには、自分を俯瞰する感覚が大切かと思います。

「他人のように自分を見てみる」

そんな感覚を持って、ときどきは自分の状況を把握しようと努めてみてください。

そうすると、**「今の自分に合うツール」「今の自分に合わないツール」**がわかるようになって、それらはとっても便利なあなたの応援グッズになりますよ。

意外に効く！　グーグルで「孤独」「寂しい」を検索

これ、やってみると「目からウロコ」の体験でした。

たとえば「孤独」という文字をググってみると、いろいろな人の「孤独」な体験や、孤独の意味やら、関連書籍やら、相談サイトやら、歌の歌詞などが現れて、見ていくうちに「孤独」という言葉を面白がって探している自分が現れます。

「寂しい」「悲しい」「むなしい」なども思いつくままに検索していくと、「みんなはこんなことを考えているんだ」と気づかされることもあったり。そのうち頭にひらめくままに適当なワードを検察し始めて……。なんとなく検索そのものに疲れてきて、最後は、どうでもいい感じに癒されます。

これ、もともとはクリニックで私がメンバーさんと話している時に教えてもらった方法なので、ちょっと元気がない時に試してみてください。

いや、なかなかに気が紛れます。

そのうち「仕事がうまくいかない」とか「片思い」とか「イケメン」「あんこ好き」とか、なんでもかんでも思いつくままにググってみるようになり、そうすると「おお、けっこう仲間がいるなあ」とわかって、ちょっとニマニマしたりもします。


そんなふうに、ニマニマしたい気分になったらこっちのもの。

その勢いで、コンビニでもいいから外の空気を吸いにいきましょう。

行き交う人たちが、さっきネットの中で感じた「仲間っぽい人たち」とかぶって見えたりして、ふっとスマイルな気分になれます。

ひとり時間だからこその素敵な発見

「ひとりは寂しい」「ひとり暮らしでかわいそう」といった風潮が昔の日本にはありましたが、現代ではそういう考えはナンセンスだと私は思います。

男性で「おひとりさまの女性はモテない」などとふざけたことを言う人がたまにいますが、「そういう君こそモテないでしょ！」と言ってやりたい。

ひとり時間を有意義に過ごしたり、心から楽しめる女性は、今の時代にあって自分をきちんと大切にできる、しなやかで強い女性だと思いますし、素敵だなあと感じます。

その上で、ぐあいが悪い時や調子が出ない時も、自分をラクな方向に導けられるようになれたら、今よりもっと毎日が楽しくなりますよね。


調子が悪い時のコミュニケーションはしんどいものです。

そんな時は、堂々と、ひとりで過ごしていい。

ひとりで街に出て、ひとりだけの小さな発見を楽しんでみてください。

散歩道の家々や店、空の様子、風の匂い、雲の形などを感じながらゆっくり歩いてみるのもいいし、早足になって風を切るようにずんずん歩くのも、気分転換にいいですね。

どう歩いても、なにかしらの発見があると思います。

日々のいろいろな発見を写真にとってＳＮＳに公開するのを楽しみにしている人もいるでしょう。そういう時も、人から「いいね」をもらうためになにかをするのではなく、自分の楽しみの記録のために、自分の気持ちが心地良くなるために、自分が自分に「いいね」をあげたり、それを喜べるようになれるといいなと思います。

そうしたら、きっと、もっとあなたの中に笑顔のシーンが増えていきます。

笑顔のシーンが増えるということは、自分のハッピーが増えるということ。

笑顔の数だけ心は温まり、充足します。

笑えないくらいしんどい時に「笑って」なんて言いません。

笑えない時は、とにかく自分の声を聞いて、そして、少し自分を助けるように誘導してあげてください。

時間が必ずあなたを癒してくれます。あなたは、その時間の手助けを少しだけしてあげるといいかなと思います。

あなた自身が癒されるための、ゆっくり過ごす時間。

あなた自身が癒されるための、ひとりでくつろぐ時間。

あなた自身が癒されるための、小さな発見、そして喜び。


ひとり時間に見つけた小さな発見の数々は、確実に、あなたの笑顔の素を増やしてくれますよ。

書を捨てよ、町へ出よう
――寺山修司（劇作家　詩人　演劇人）

chapter 5

笑顔の数だけ元気になるよ

chapter5は、「笑顔」の最終章。ちょっぴり茶目っ気や芝居っ気を持ちながら、笑顔の回数を増やしてもらうため方法です。

自分の変化を面白がりながらトライしてください。

近所の人へ「おはようございます」スマイル

朝は、調子が悪い人にとっては、とてもしんどい時間帯。しかし治療を続けて、生活習慣を見直して、しっかり休息をとれば、やがて朝が心地良い時間に変わります。

一日の始まりの挨拶をスマイルで言えるようになったら、スマイル上級者です。

まだそこまでは……という場合も、朝の挨拶を少しずつマスターして、朝時間になじんでいきましょう。

私のプログラムでは「朝の挨拶をちゃんとしていますか？」と尋ねることがあります。「はい」「しています」と答える方がほとんどです。しかもほとんどの人が一瞬「？」という顔をされて、「してますよ」とお答えになるんです。

これはどういう現象か？

「してるつもり」ということではないかと思います。たとえば声は出さずに少し頭を下げるとか、目線を少し下げるとか、そんな感じの「挨拶」なのだと思います。

これは残念ながら、相手になかなか伝わらない。

そして、もうひとつ気をつけたいことがあります。いつも誰かから先に挨拶してもらい、それに返すことに慣れてしまうと、「自分から挨拶しなくていいや」という気分になってしまう点です。挨拶されたら返すけど、「そっちが挨拶しないならこっちもしない」の人になってしまいます。これはとても寂しいことですよね。

挨拶でもなんでも、自分からするほうがストレスは軽減されます。いつももらってばかりの人、もらえるのが当然と思っていると、もらえないことに不安を覚えるし、実際人からもらえない時、幸せになる方法がわからなくなってしまうのです。

相手を待つより、自分からアクセスするほうが、ずっと心のためにいいと思います。

どうぞ朝の挨拶から始めてみてください。

身内や近所の人へ「おはようございます」のスマイルを。今までトライしてきたことを思い出しながら、朝一番の本番スマイルを始めましょう。

大丈夫です。絶対に不快になる人はいません。

ただし、挨拶を返さない人はいるかもしれません。私の周囲にも、仕事ができてちゃんと節度もある方なのに、なぜか朝の挨拶をしない人がいます。「この人は挨拶しない」と周囲の人もわかっているようで挨拶を控えていますが、本人はあまり気にしていないようです。たとえ挨拶を返さない人がいても、あなたのことをどうこう思っているわけではないので、気にしなくて大丈夫。残念ながらそういう人はいるのです。

肝心なのは、それよりも「あなたが自分からアクセスした」ってことです。

これはブラボーです。「やったね」と自分を褒めてあげましょう。

一人目が成功したら、二人目、三人目……とどんどん声をかけて、自分の自信につなげてください。

それが「自分で自分の気持ちをラクに、楽しくする」ということです。

それが日常的にできるようになると、、きっと穏やかで気持ちのいい毎日を過ごせるようになるはずです。

朝に道を聞かば、夕べに死すとも可なり
（朝に人としての大切な道を開いて悟ることができれば、その晩に死んでも心残りはない）
——孔子（思想家）『論語』

電話で「スマイルな声」を出す

最近はメールやラインでの会話が多くなり、電話で話すことが少なくなっています。でも、たまには田舎の両親、おじいちゃん、おばあちゃんに電話をかけて、元気な声を聞かせてあげたいもの。

電話での話し方は、ふだん以上に意識して抑揚をつけて話さないと、顔が見えないぶん暗い印象になりがちです。元気な様子を知らせるために電話したのに、「元気ないわねえ」なんて心配されてしまってはがっかり。私は電話を終えたあとに、双方が笑顔になれるような会話ができたり、「声が聞けて良かったな」と相手に思ってもらえる声が出せたらいいなあと思っています。

ここで実験です。「こんにちは。○○（自分の名前）です。お久しぶりです」というセリフを、口角を上げた口と、口角を上げていない口で発音してみてください。

録音してみるとよりわかると思いますが、驚くほど声の質が変わります。口角を上げないで話した声には、「気」が感じられないのです。ところが**口角を上げると、勝手に「気持ちが入った声」に変わります。**

聞くところによると、企業のお客様相談室などテレホンサービスに関わる人々も、電話対応の際には、口角を上げて微笑んで話すよう訓練されているそう。電話をかけた時に、みなさん、明るくハキハキした対応をされているのも納得できます。

そこで電話で話す時も、「口角上げ」を心がけましょう。自分が話す時はもちろん、相手の話に「そうなの？」など相槌を打つ時も、口角を上げて話すと声が明るく響いて、相手との「同調感」が強まります。

特にハッピーな内容の時は、口角を思い切り上げましょう。声に「気」が入って、話すテンポも良くなります。口角上げの練習にももってこいです。

ただ、「大変だったんですね」という相槌のように、つらい内容に同調する場合は、口角を上げないほうがいいです。電話を介して伝わるその声は、他人事と捉えているように受け取られたり、心配していないような誤解を受ける可能性がありますから。

私の知人に、電話のしめくくりの挨拶が素敵な方がいます。関西の方で、電話を切る時に必ず「ほなね」とおっしゃるのですが、これがものすごく聞き心地が良い響きで、なんとも言えない優しさがにじみ出ているのです。

この「ほなね」を聞くと、その方が優しく微笑んでいる顔が浮かび、電話を切ってもまた声が聞きたいような、ほんわかとした余韻に包まれます。

電話では切る直前の言葉も大切です。「じゃあね」「バイバイ」「失礼します」は、口角を上げて微笑んで、ありったけの気持ちを込めて言ってみましょう。めざせ、スマイルな声美人です。

「茶目っ気スマイル」でやり過ごす

毎日、本当にいろいろな出来事があります。しかも自分がチャーミングだったり、人から褒められたり、うまくいったりする場面なんてほんのちょっと。「人生バラ色」なんて言葉もありますが、実際は、うまくいく以上に多くの場面で、悩んだり、つまずいたり、失敗していたりします。

でもそれは、みんな同じ。みんな、そんなものだと思います。

ただ、出来事に対する感じ方や対処法を変えてみると「つまらない」「苦しい」と感じていた日常も「まあまあかな」と思えるようになります。

失敗した時に「どうしてこんなにダメなんだろう」と悲観にくれて何日も思い悩むか、「あちゃー、やっちゃったー。もう、ダメだなあ」と、いったんはダメージを受けるものの「リカバーしよう」と気持ちの切り替えができるか。

気持ちの切り替えは大変に難しいことだと思いますが、あえて言えば、後者のほうがラクに過ごせるし、ハッピーを感じる度合いや回数もはるかに多くなります。

「そのほうがラクなのはわかりますけど、そんなふうに思えないのが自分なんです」

この気持ち、すごくわかります。

でも、その**あなたが言っている「自分」というのをいったん手放さないと、ラクな状態にはなれないんじゃないかな、**とは考えられませんか?

自分で自分をこんな人だと決めているせいで、苦しいのかもしれないのです。

「ダメモト」くらいの軽い気持ちで、トライしてみるのもありだと思います。

もちろん「自分を手放す」と言っても、これまで何十年の歴史が今のあなたを作っているので、そんなに簡単にはいかないかもしれません。では「手放す」といった大変そうな作業は避けて、「ちょっと違う自分」をやってみるのはどうでしょう?

「自分」の上に、もう一枚の仮面をかぶせてみるのです。

「茶目っ気スマイル」という仮面です。

なにか失敗した時に「あちゃー」と感じられる人は、この茶目っ気スマイルを持っています。自分が失敗したり間違っていたら素直に謝れるし、「テヘッ」とお茶目な笑顔が作れちゃうくらい肝が座っている。

あなたもそんな大胆不敵な「茶目っ気スマイル」を、仮面のように装着して過ごしてみませんか？

この仮面、なかなか優れものなんです。

たとえば、家でお皿を洗っていて、お皿をうっかり割ってしまったとします。最近イライラしていたお母さんはここぞとばかりに怒り、あなたが謝っているにもかかわらず「何してんのよ。ぼーっとしているからでしょ？　もう、大切なお皿だったのに」などと詰め寄ってきます。

そんな時、いつものあなたなら「この空気、耐えられない」と気分が悪くなり、耳をふさいでうつむきがちになるか、逆切れして乱暴な言葉をお母さんに投げつけてしまうなんてこともあるかも。そうなると、事態はますます深刻になりかねませんね。

でも、仮面をつけたあなたは「うひゃー、でたー。また鬼になったぞー。しつこいからこの場は逃げよう」という発想になります。

そして怒りが収まらないお母さんに「ごめんなさーい、ちょっと外で頭を冷やして、反省してきます」と笑顔で言い捨て、ひとまず街に出て気分転換をして、ちょっとしたお土産を買って帰って来るなんてことができてしまう。

茶目っ気スマイルでこんな人になれたら、毎日がラクチンだと思いませんか？

「そんなの無理！」という強い声が聞こえてきそう。

いえいえ、それが無理じゃないんです。だって、これはあなたじゃなくて、あなたが演じている人ということなんですから。本来のあなたは、仮面の下にちゃんと失われずにいるので大丈夫です。

とにかくトライしてみましょう。やってみて、いやならやめればいいんです。

茶目っ気スマイルを実践するには、ポイントがいくつかあります。

この仮面をつけていれば、何事もスマイルで吹き飛ばせるという思い込みが必要。

茶目っ気スマイルを面白がって試そうという、遊び心も必要です。

もちろん、最初はなかなかうまくいかないかもしれない。でも苦手な場面などで、茶目っ気スマイルの仮面をかぶって、茶目っ気のあるキャラクターになっていくうちに、あなたの内側からもそのキャラが目覚めてきます。

「演じる」という心理実験では、人はいつもと違う役を与えられると、不思議なことに、徐々に与えられた役のキャラクターにそくして行動し始めることがわかっています。人はある程度、自分のキャラクターを変化させることは可能なのです。

「だって、私はそういう人が嫌いです」という人もいるでしょう。

何も、嫌いなキャラクターの仮面じゃなくていいと思います。「茶目っ気」を感じさせる、あなたが好きなキャラクターの仮面をかぶればＯＫ。

なぜ、茶目っ気かというと、根底に茶目っ気があると、世の中のたいていの人間関係で大きな失敗をすることがないからです。

「茶目っ気」とか「無邪気」というキャラクターは、外敵からあなたを守ってくれるのです。

でもね、あえて言うなら「そういう人は嫌い」と思っているキャラクターの仮面を試しに被ってみるのも、面白かったりします。その人がどんなふうに考えているかがわかるようになるし、そうすると、自分と相手とどこが違うのか、どうして嫌いなのかも理解できたりもします。

それに嫌いな人を演じてみると、「自分がかわいい」という人間誰でも持っている「自己愛」に気づくことができます。その人を嫌いだと思っていたけれど、実は自分が本当はほしいのに持っていないものをその人が持っているから、嫌い（悔しい）だけだったのではないか？ といった発見があったり、自分考察のきっかけにもなるのです。

ま、これはもっと元気になってから試してください。

コミュニケーションがラクになっていく方法のひとつになるかもしれません。

俺の敵はだいたい俺です
――小山宙哉（漫画家）『宇宙兄弟』

「いい感じの私」を演じてみる

「今日の私、かなりいけてる」と感じられる日。洋服のコーディネートがうまくいったとか髪型が決まったとか、よく寝たから目の下のクマがスッキリとか、そんなささいなことでゴキゲンになれて、自分の心が軽い日。そんな日はなにをしていても楽しいし、心が弾んで、自然な微笑みがこぼれますよね。

毎日が、そんな感じならいいのに……。本当にそう思います。

けれども、そういう日はしょっちゅう訪れてはくれません。特に心身の調子を崩してしまうと、以前は確かにあった「いけてる私」という感覚は遠い昔……。かつての自分はさておき、今は一日一日をどうにかやり過ごせればいいという感じです。

とにかくつらくなければ、楽しくなくても……。そう感じている人も多いと思います。

ならば、それなりに「いけてるふう」に過ごしてみるのはどうかしら？と考えました。

誰しも「いい感じの私」というイメージだけは持っていると思います。それを具体的に演じてみるのです。

私が思う「いい感じの私」は、声が少し高くて澄んだ声になっています。姿勢が良くて背筋がすーっと伸びていて、歩く姿も颯爽としています。気持ちにも余裕があって、笑った顔に優しい感じがあります。

そのように自分が思う「いい感じの私」を、再現してみるのです。

形からでいいので、姿勢を正して颯爽と歩いてみるのです。

そうすると、だんだんその気になってきます。正直、そうしたらいつでも必ずいい感じになれるとは限りません。けれども今の自分の場所より、一段くらい階段を登れます。**階段一段分高くなれば、そのぶん見晴らしが良くなって、そのぶんキレイな空気が吸えます。そうすると、また少し「いい感じの私」になれて、体のだるさや心の倦怠感が薄れていきます。**

その逆が「ダメダメにひたる私」。ダメにひたるのはパワーがいらないから簡単に始められるのですが、ひきずられる力が強大なので、一度入るとダメダメモードからなかなか抜け出せず、どんどんつらくなる可能性が大。スマイルが自分の中に根づき始めているなら、「えい！」っとちょっとパワーを出して、「ダメダメな私」ではなく「いい感じの私」のふりをしましょう。

もし「いい感じの私」の姿が描けないのであれば、周囲で楽しそうに生きている人の真似でもいいし、好きな女優やモデルのイメージでやってみてもＯＫ。そういう人の表面的な部分だけでもとにかく真似てみてください。すごく楽しそうに笑ってみるとか、フォトジェニックな目の表情を作ってみるとか。大袈裟なくらいにやってみるのです。そして「この感じ、いい」と思えるような表情やしぐさをキャッチできたら、人前でもやってみるのです。

大丈夫です。かなり大げさにふるまっても、周囲の人は驚きません。表現というものは、本人が感じるほど表面化しないからです（大げさにやってちょうど良いくらい）。

実際、プログラムに参加するみなさんは、与えられた役を演じながらたいてい「やりすぎかな？」と心配されているようですが、私や観客役のみなさんから見ると「もっとオーバーにやっていいと思います」という感想がほとんど。演じ手の感じることと、見る側の感じることには大きな隔たりがあるのです。

ですから、安心して思う存分「いけてる私」という役を演じてみてください。

これで少しでもいい気分になれたら素晴らしいですし、笑顔の数が増えていたら、万々歳です。

天才になりたければ天才のふりをすればいい

――サルバドール・ダリ（画家）

自分のスマイルを「自撮り」する

笑顔への抵抗感が少なくなってきたら、スマイルを面白がってみませんか？　誰でも調子が悪いと写真を撮られるのを遠慮したいところですが、写真はその時の自分を写し出してくれる、とても便利なチェックシートでもあります。今はすぐに「写真撮ろうよ」「サイトにアップしていい？」などとスマホやデジカメを向けられてしまう時代。そのたびに「断りたいけど断れないし……どうしよう」と、ストレスをためるのもつらいですよね。

ならばいつでもプレッシャーなく「写真撮ろうよ」に応じられるよう、写メ用スマイルの練習をしてみましょう。

「自分撮り」のレッスンです。

自分撮りで写メ用スマイルを習得しておくと、「今日は具合が悪そうな顔をしているかも……」という日でも「例の笑顔で笑っておけばいいのね」と、軽い気持ちでカメラの前に立てるようになります。

芸能人や俳優など人に見られることが仕事の人だって、悩みもあればコンディションの悪い時もあります。でもいつでもどんな場所でも素敵に笑えるのは、その訓練をしているからです。

楽しくなくても笑顔は作れます。作り笑顔が本物の笑顔を引き出してくれるということもあります。「写メ用スマイルがあると確かに便利ね」。そんな気軽な気持ちで、トライしていただきたいと思います。

自分撮り。経験のある人はおわかりかと思いますが、これが案外、なかなか思うように美しく（！）は撮れないものなのです。

鏡を見て練習するスマイルも大切ですが、写真という瞬間的なシーンで最高のスマイルを見せるレッスンも、なかなか刺激的だし、瞬発力も磨かれます。自分撮りのあとで自分のスマイルを冷静に観察してみると、鏡の前では気づきにくい発見もあります。

自撮りの写真を見て「目元が暗いな」と思ったら、目をもう少し大きく開けてみましょう。「口をもっと開けたほうがいいな」と思ったら、次の自撮りはめいっぱい口を開けて笑ってみましょう。そうするうちに顔の筋肉がほぐれてきて、表情もどんどんリラックスしてきます。何度か試してみて「目に力が出てきたな」「これなら元気に見えるかも」と思えるようになったら、しめたものです。

もちろんそうしている間、あなたは素敵な表情を作ることに集中しているわけですから、脳もどんどんポジティブに働き、楽しい気分になってきます。「いい顔をしよう」「いい表情になりたい」と思いトライしている時は、確実に、あなたは元気に向かって歩んでいるのです。

下から上を見上げたほうが、目が大きく見える。片方から光を当てると顔がシャープに見えるなど、最近は、自撮りのテクニックもたくさんブログなどに公開されているようですね。洋服の色も写真の雰囲気に大きく影響しますから、そのあたりも工夫してみてください。

自分を元気に見せてくれてくれる服の色、あなた自身のビタミンカラーを決めておくのもおすすめです。元気に見せたい時、パワーを出したい日に役立ちます。

調子が悪い時は、気持ちが落ち着きやすいモノトーンの服を選びがちですが、まああ調子がいいなあという日は、明るい色の服を着ると色のパワーをもらえます。まずは小物などの差し色からトライしてみてください。

そして自分の決め顔が写せたら、毎日のスマイル練習にもその表情を追加しましょう。

期待がある所に魅力が生じる。
期待感こそが生き甲斐である
――松本清（マツモトキヨシ創立者）

笑顔になれる「レスキューワード」を用意する

「よし、なるべく笑顔で過ごすようにしよう」と思っていても、もらい事故みたいにショックな出来事は結構あるし、「作り笑いでもいい」と理解しても、そんな気にさえなれない時もあります。

そんなへなちょこな気分の時は「レスキューワード」を唱えるといいです。

つらいことがあった時、「そんな時もある」とか「私はけっこう頑張ってるよね」「気づかいのない周囲の人のほうがいまいち」「やりすごせば大丈夫」など、心の中のモヤモヤや思いつくことを言葉にして、気持ちが落ち着くまでぶつぶつ唱えるのです。

心の中で呟いてもいいのですが、気持ちを復活させたい時は、声に出すほうがやはり元気になりやすいです。

あなたの気持ちにフィットした「レスキューワード」は、本当に魔法のように心に平穏をもたらしてくれます。パニックに陥った時にも有効なので、調子のいい時にワードのリストアップをしておきましょう。

私が最近、自分によく唱えているレスキューワードは、次の三つです。

「あわてない、あわてない」

「はい、深呼吸して(と言って、深呼吸する)」

「これはまだ魂レベルの話じゃない」

一つ目は、忙しく余裕がなくて、イライラしている時にフィットします。

二つ目は、やはりイライラしている時や、哀しみに呑み込まれそうな時に効きます。

三つ目は、人からひどいことを言われた時や、人が私のことを誤解したりネガティブに受け止めていることを知った時、いわば傷ついた時の時のワードです。

三つ目が少しわかりにくいと思うので補足しましょう。

ヨーガの世界では、人間は「肉体」、次いで「エネルギー」「心、感情」「知性、自己」そして「魂、本質」で構成されていると考えられています。そのことを学んだ時、私は「心やプライドが傷つくというのは、まだまだ序の口、心配ない」と思い至ることができました。人として大切にすべき「魂と本質」が傷つけられたわけはないことに気づくと、日常の些細な他者のもの言いでクヨクヨしていた心が元気になって、また笑顔を作ることができるようになったのです。

さらに「今感じたのは知性、自己レベルのこと。この感覚を相手に押しつけないようにしよう」「今私に宿ったのは単なる一時的な感情だから、やりすごしちゃえ」など、なにかが起きるごとに、その出来事が自分のどの部分に関わることであるかを、冷静にとらえられるようになりました。それによって自分だけのこだわりや、ささいな見栄やプライドも、少しずつですが気にならなくなってきたのです。

ヨーガの世界では、自分がいやな気分を回避したり、心を平穏に保てるための言葉を、「マントラ」と呼びます。自分のマントラを持つことは、笑顔でいるためにも有効なので、あなたにもレスキューワードの次には、ぜひお気に入りのマントラをいくつか持っていただきたいなと思います。

元気な時は、こんなポジティブなマントラもいいですね。

「今日もモテモテでありがとうございます」

「私の才能に感謝します」

「今日もしあわせに過ごせました」など。


ようは、自分がハッピーに感じられればいいのです。

自分をラクにするために、自分の気持ちに合う言葉探しをしてみてください。


そして、言葉の力で元気になったら、どうぞ笑ってください。

魂に光をそそいでくれることばは、どんな宝石より貴重である
——ハズラト・イナーヤト・ハーン（音楽家　宗教家）

笑顔で「元気」をチャージする

心の調子というのは、ふとしたはずみに沈み込むこともあれば、いっきにいくつものハードルを飛び越えたような気分になることもあり、本当にやっかいです。

でも人は皆、誰でも多少なりとも心の調子に振り回されるものです。沈んでしまった時は「今日は沈んでいる」と自分の状況を理解して、静かに様子を見守ってください。

自分の気持ちを観察をする、ということが大切です。

どんなに苦しい日が続いても、その苦しみには絶対に終わりが来ます。苦しくてしんどい時は何も考えられないし、ましてや明るい未来を思い描くことは無理ですが、でも、あえて言います。

変化は必ず訪れます。

そして、心が少し浮上してきたと感じたら、「笑顔」です。

この少しいい状態の時に、とにかくできるだけ笑ってください。笑顔の魔法で、まあまあの状況から沈む頻度を落としていくためです。気持ちが沈む頻度と、沈む深さが改善されていけば、あなたの生活は、今より随分と気分の良いものに変わります。

あなたの心を救えるのは、あなただけ。

あなたの心をラクにできるのも、あなただけ。

あなたの毎日に、安らぎに満ちた日が一日でも増えていくように。そのことを、心から望んでいます。


これは、あなたに限ったことではありません。

もし地球に暮らす全人類が穏やかで安らかな心を持つことができたら、損得や私利私欲の争いなども起こりにくいだろうし、自分を守るためにバリアを張ったり嘘をつくことも少なくなるのではないか、と考えたりもします。

本当は自分の心が満ち足りて、自分が幸せを感じられたら十分なはずなのに、私たち人間は、ＯＫラインを超えてもまだほしがってしまうのだなと感じています。しかも自分の心なのに、それさえうまく制御することができない。もちろん、私も含めてです。

でも、カンペキには制御できない心だけど、諦めず、セルフメンテナンスを心がけて、少しずついい状態を増やし、笑顔の数を増やし、安らぎを感じられる日を増やしていきたいですね。

少しずつでいいのです。少しずつでも、確実に良くなります。

笑顔の数が増えて、ふと気づいたら、きっと元気とやる気が、あなたをキラキラと包んでいますよ。

朝の来ない夜はない
——吉川英治（作家）

エピローグ

この本を手にとってくださいまして、ありがとうございました。

この本がちゃんとあなたの味方になりますよう、心から願ってやみません。

私がこの本を書き上げることができたのは、日々ご一緒させていただいているクリニックのドクター、スタッフ、リワークやデイケアのメンバーさんなど、多くの方々のおかげです。お一人おひとりに心から「ありがとうございます」と申し上げたいです。

また、いつも優しく前向きな発想で私を導いてくださったまむかいブックスギャラリーの編集チームにも、心から感謝を申し上げます。

私は今、たくさんの「ありがとう」で満ち満ちています。

この気持ちをパワーにして、これからも笑顔を届け続けたいと思います。

リワーク・インストラクター　山﨑ふら

ほんの一例

おすすめBOOKS

心が疲れた時や、ふっと迷いが生じた時に、これらの本を手にとってみると、なんらかヒントが得られるかもしれません。多くの人に読み継がれていて、ページをめくるだけでも癒されたり、元気になれるBOOKSを、ほんの一例ですが紹介します。

●『考えない練習』（小池龍之介著　小学館文庫）

●『「脳にいいこと」だけをやりなさい！』
（マーシー・シャイモフ 著　茂木健一郎訳　三笠書房刊）

●『「気づき」の呼吸法』
（ゲイ　ヘンドリックス著　上野 圭一 監修　鈴木純子訳　春秋社刊）

●『キッパリ！たった3分間で自分を変える方法』
（上大岡トメ著　幻冬舎文庫）

●『「怒り」がスーッと消える本』
（水島広子著　大和出版刊）

●『傷つくあなたへ』（江原啓之著　集英社刊）

●『仕事・人間関係どうしても許せない人がいるときに読む本』
（心屋仁之助著　中経出版刊）

●『他人は変えられないけど、自分は変われる！
—女性が人づきあいで悩んだら読む本』（丸屋真也著　リヨン社刊）

●『ゆる美人プログラム』（高岡英夫著　WAVE出版刊）

●『執着しないこと』（アルボムッレ スマナサーラ著　中経出版刊）

●『四つの約束』
（ドン・ミゲル・ルイス著　松永太郎訳　コスモスライブラリー刊）

●『モリー先生との火曜日』（ミッチ・アルボム著　別宮貞徳訳　NHK出版刊）

●『タオー老子』（加島祥造著　ちくま文庫）

●『道のむこう』（ベルンハルト・M・シュミッド著　ピエブックス刊）

山﨑ふら　（やまざき　ふら）

リワーク・インストラクター、「劇団まるおはな」主宰

東京都生まれ。幼少よりダンスを習い、NHKプロモートサービスアクターズゼミナールにて演劇を学ぶ。1998年、医療法人社団こころの会タカハシクリニックにて、デイケア講師として「ダンスワーク」を担当。2001年、演劇ユニット「まるおはな」（現・劇団まるおはな）を主宰・旗揚げし、芝居の作・演出を手がける。その経験を生かし、俳優志望者や一般の人に向けて「自己表現」や「表情」に関するワークショップを開催。2010年より品川駅前メンタルクリニックのリワークキャンパスにて「表現法ワーク」を開始。現在、都内各所のメンタルクリニックで、表現法やストレッチ、ダンスの講師を務める。

Special Thanks　高橋龍太郎（「医療法人社団こころの会」理事長）
福田博文（「こまごめ緑陰診療所」所長）
小林ひとみ（サイコドラマ弦）　敬称略

カバーイラスト　田村　幸
撮影（著者近影）　栗栖龍二
校正　良本淳子

あしたがたのしい「笑顔」の本 ～女性編～

2014年3月15日　第1刷発行

著　者　山﨑ふら
ブックデザイン　田村　幸
発行者　木村由加子
発行所　まむかいブックスギャラリー
東京都港区芝浦3-14-19-6F
TEL.03-6271-9157　FAX.050-3066-7337　URL www.mamukai.com
印刷・製本　シナノ書籍印刷株式会社

Printed in Japan
ISBN 978-4-904402-35-1　C0030

Smile's books for happydays by FURA YAMAZAKI
First published in Tokyo Japan,Mar 15,2014 by MAMUKAI office,Co.ltd
3-14-19-6F Shibaura,Minato-ku,Tokyo 108-0023,JAPAN
+81 3 6271 9157 www.mamukai.com